中外人文精神研究

第十三辑

主　　编　杜丽燕

副 主 编　程倩春

执行主编　孙　伟　王双洪　王玉峰　王　杰

人民出版社

责任编辑:杜文丽

封面设计:汪 莹

图书在版编目(CIP)数据

中外人文精神研究.第十三辑/杜丽燕 主编. —北京:人民出版社,2020.10
ISBN 978－7－01－022648－4

Ⅰ.①中… Ⅱ.①杜… Ⅲ.①人文科学-世界-文集 Ⅳ.①C53

中国版本图书馆 CIP 数据核字(2020)第 224160 号

中外人文精神研究

ZHONGWAI RENWEN JINGSHEN YANJIU

第十三辑

杜丽燕 主编

程倩春 副主编

孙 伟 王双洪 王玉峰 王 杰 执行主编

人民出版社 出版发行

(100706 北京市东城区隆福寺街 99 号)

中煤(北京)印务有限公司印刷 新华书店经销

2020 年 10 月第 1 版 2020 年 10 月北京第 1 次印刷
开本:787 毫米×1092 毫米 1/16 印张:9
字数:240 千字

ISBN 978－7－01－022648－4 定价:48.00 元

邮购地址 100706 北京市东城区隆福寺街 99 号
人民东方图书销售中心 电话 (010)65250042 65289539

《中外人文精神研究》编委会

目　录

中华精气神

早期儒家"义"范畴的演变——从《尚书》到郭店竹简 ……………… 孙　伟/3

庄子思想之"四时" …………………………………………… 王　杰/13

《尚书·牧誓》"虎贲"考 ………………………………………… 王文军/19

两汉经学三题 ……………………………………………… 任蜜林/27

从《诗经·郑风》看孔子的婚恋观 …………………………… 赵雅丽/36

西洋精华

道德哲学的两个原则 ……………………………………… 尚新建/47

索绪尔与梅洛-庞蒂语言观比较研究 ……………………… 李婉莉/61

沃格林论灵知主义与现代性——以清教革命为例 ………… 王双洪/69

陈康的希腊哲学研究及其问题意识 …………………………… 王玉峰/77

前沿问题

什么是知识 …………………………………………………… 胡　军/87

机器人伦理学种种 …………………………………………… 杜丽燕/98

社会广角

应对风险社会——对新冠病毒疫情全球大流行的反思 ……… 程倩春/121

新冠疫情形势下会展行业的转型升级 ……………………… 张　暄/132

中华精气神

早期儒家"义"范畴的演变
——从《尚书》到郭店竹简

孙　伟①

对于儒家而言,"知行合一"是一个永恒而不断加以探讨的话题。如何将儒家的理论建构付诸实践,从而改变世道人心、移风化俗乃至定国安邦,乃是历代儒家矢志追求的最终目标。从理论到实践的转化中,其关键一环就是要建构具有实践转向意义的桥梁以连接道德理想与社会现实的鸿沟。对于儒家来说,这一连接理想与现实的桥梁就是"义"。因而,探讨"义"的真实内涵及其在早期儒家思想中的演变,对于我们深入理解儒家"知行合一"乃至"天人合一"的最高思想境界具有重要的理论和现实意义。

一、《尚书》中的"义":社会与政治秩序原则

今文《尚书》的《高宗肜日》篇中说:

> 惟天监下民,典厥义。有永有不永,非天夭民,民中绝命。

这句话中首次出现了"义"字。对这个"义"字该如何理解呢? 过去的注疏通常将之解释为道德之善或"循理而行宜也"。② 学界对这段话也通常理解为,上天以民众能否有"义"这一道德特质而决定是否给予其寿夭福祸。这种对"义"的道德化理解隐含着商代的天或"帝"是道德权威的观点。然而在商代,"天"或"帝"真的有如此之多的道德意味吗?

事实上,在商代,"帝"或"上帝"被认为是最高的神灵,他能主宰人类包括统治者自身的命运。③ 人类不能改变"帝"赋予自己的命运,必须亦步亦趋地听从"帝"的指示。在这种情况下,"帝"就成了人类绝对的统治者。张光直指出,商代的上帝有若干值得注意的特征:一是上帝在商人的观念中没有一定的居所;二是上帝不受人间直接的供奉;三是所有的远祖都可以很容易地宾见上帝或其他的神。张光直说:

---

①　作者系北京市社会科学院哲学研究所研究员、副所长、哲学博士。
②　孙星衍:《尚书今古文注疏》,中华书局 2004 年版,第 244 页。
③　张光直:《中国青铜时代》,生活·读书·新知书店版社 2013 年版,第 371—372 页。

上帝的观念是抽象,而个别的子姓祖先代表其实质。换言之,在商人的世界观里,神的世界与祖先的世界之间的差别,几乎微到不足道的程度。①

这其实也就是说,商代的上帝已经成为商代王室祖先的代表。商代的王室无疑垄断了与上帝沟通的权力。因此,我们可以看到,商代的上帝并不必然具备道德的含义,上帝也不会因民众道德与否而给予其赏罚。上帝的意志是捉摸不定的,而只有商朝的王室才具有沟通上帝的能力。因此,人们只有遵从商朝王室的命令,才能使得上帝赐福于自己。正如《礼记·表记》中所言:

殷人尊神,率民以事神,先鬼而后礼,先罚而后赏,尊而不亲。

不同于以往对"典厥义"的道德化解读,梁涛最近在一篇文章中指出,"典厥义"中的"义"应是指上帝的意志,指上帝利用授予生命的长短来规范人们的行为。② 从以上对于商代上帝的分析来看,这一解读应该是比较符合"义"的本意的。结合以上对于商代上帝的分析,我们可以看到,"义"虽然是上帝的意志,但由于商代王室本身就是上帝的代表,因而商代王室的意志也就代表着上帝的意志,这样"义"本身也就具有了政治规范的含义。

到了西周早期,"义"本身还具有政治规范的含义。《尚书》的《康诰》篇中说:

王曰:"汝陈时臬事,罚蔽殷彝。用其义刑义杀,勿庸以次汝封。"

这里提到了"义刑义杀"的概念。就是说,君王在使用刑罚时,应当遵循"义"的要求,而不能随心所欲。那么,什么是"义"的要求呢?我们先来看"不义"的各种表现:

凡民自得罪:寇攘奸宄,杀越人于货。(《尚书·康诰》)

元恶大憝,矧惟不孝不友。(《尚书·康诰》)

不率大戛,矧惟外庶子、训人惟厥正人越小臣、诸节。(《尚书·康诰》)

我们可以看到,这些违反"义"的各种表现包括了杀人抢劫、不孝不友、不忠不臣等。从中可以看出,这些不义的行为虽然也包括了"孝"、"友"这样的伦理秩序,但其大多涉及社会秩序和政治秩序。从以上对于《尚书》中"义"的分析可以看出,"义"在《尚书》中更多指涉社会和政治秩序原则,这表明在商周之际,"义"这一概念更多指涉社会政治秩序,较少涉及后代儒家所赋予它的伦理道德意义。

二、孔子之"义":道德现实化的途径

不同于《尚书》中的含义,"义"在孔子的语境中很多时候是指内在的道德原则。

---

① 张光直:《中国青铜时代》,生活·读书·新知三联书店 2013 年版,第 427 页。
② 梁涛:《〈尚书·高宗肜日〉新探——兼论殷周的两次宗教变革及"民"的发现》,《学术月刊》2019 年第 1 期。

比如：

> 君子喻于义，小人喻于利。（《论语·里仁》）
>
> 德之不修，学之不讲，闻义不能徙，不善不能改，是吾忧也。（《论语·述而》）
>
> 君子义以为上。君子有勇而无义为乱，小人有勇而无义为盗。（《论语·阳货》）

在这些段落中，"义"显然是指君子所应具备的内在道德品质。那么，"义"究竟是一种怎样的道德品质呢？

孔子言："隐居以求其志，行义以达其道。"（《论语·季氏》）这里的"义"应该是指人在现实世界中进行道德和政治实践时所应遵循的基本规则。相对于隐居以求"志"而言，"义"应该是指人在现实世界复杂多变的境况下仍能将自己的仁心志向诉诸实践的决心和能力。从这里我们也可以看出，"义"就像"格物"，通过"义"，人才能在面对各种具体事物时保持恰当的态度，做出适当的行动。通过不断的"集义"，也就是不断积累自己在面对各种具体事物时所做出的选择和行为，就能够逐渐实现内心"仁"的理想，使得"仁"的理想能够应用于现实世界之中，这就是《大学》所说的"致知"。正如钱穆所言："仁偏在宅心，义偏在应务。仁似近内，义似近外。"①这似乎是说，"仁"、"义"本一体，只不过"仁"偏在"宅心"，也就是内在道德修养，而"义"则偏在"应务"，也就是将内在的道德修养应用于现实事务之中。

孔子说："夫达也者，质直而好义，察言而观色，虑以下人。在邦必达，在家必达。"（《论语·颜渊》）对于孔子来说，要成为一个"达则兼善天下"的君子，不仅需要"质直而好义"的内心修养，而且还能够察言观色，从而能够使得内在的道德素养恰当地应用于现实之中。"仁"在人心之中，也就是内在的道德。但在现实生活中，人会遇到非常复杂多变的情况，如果只是简单地将"仁"应用于其中而不善加调整和适应，那就可能会遭遇很多困境。这时候就需要"义"的介入。"义"是一种能够与现实境况相适应的道德能力。无论现实状况怎样变化，人都可以应用"义"这一道德能力来恰当地处理各种纷繁复杂的局面。孔子说，

> 君子之于天下也，无适也，无莫也，义之与比。（《论语·里仁》）

这其实就是说，"义"不是某种确定不变的标准，它是随着当下境况而不断变化适应的能力。当然，孔子也说：

> 君子义以为质，礼以行之，孙以出之，信以成之。君子哉！（《论语·卫灵公》）

就"义"的本质而言，它当然也就是"仁"，它们二者之间并没有差别。唯一的差别

---

① 钱穆：《论语新解》，生活·读书·新知三联书店 2005 年版，第 94 页。

在于，"义"是一种能够将"仁"具体应用于现实各种境况的能力。最终的结果当然还是为了要实现"仁"。

钱穆说："然察言观色，当与质直好义内外相成。既内守以义，又能心存谦退，故能谦撝而光，卑而不可逾，此圣人处世之道，即仁道。"①这就是说，要成为君子或圣人，仅凭自己的刚直之气或察言观色是无法达到的。这二者必须紧密结合在一起才能成就君子或圣人。在这个意义上，"义"其实就充当了内在与外在沟通桥梁的作用。有了内在的道德素养，还必须要有能够将这种内在素养随现实状况适应变化的能力。这种能力对于孔子来说就是"义"。虽然"义"在孔子看来属于人的内在道德范畴，但其起到的作用则是连接内外，最终成就君子或圣人的理想。因此，我们可以看到，"义"的本质内容就是"仁"，但在此基础上，还有能够将"仁"这一道德理想转化为可行性现实的能力。

在《论语》中，我们也能发现"义"的一些用法涉及到外在的政治实践，如"养民也惠，使民也义"（《论语·公冶长》），等等。但"义"在孔子的整体语境中更多指涉内在道德应用于外在实践即道德"格物"的能力，本身并没有深入到具体的社会制度和政治建构的层面。

三、孟子之"义"：道德成长的内在根基与外在致向

孟子认为"义"是一种人内在的美德。孟子说，"羞恶之心，义之端也"（《孟子·公孙丑上》）。这就是说，"义"的最初萌芽就是在内心中，随着这一"羞恶之心"的发展和成熟，"义"这一内在美德才得以完成和确立。孟子说，

> 言非礼义，谓之自暴也；吾身不能居仁由义，谓之自弃也。仁，人之安宅也；义，
> 人之正路也。（《孟子·离娄上》）

在孟子看来，"仁"似乎是人的心灵所停泊和栖息的温暖的家，只有拥有这样一个家，才能使人在处理各种社会关系时能够有所依据和保障。"义"似乎是人在家庭外面处理各种社会关系时所应该遵循的正确道德标准，只有遵循这种正义的标准，人才能以正确的行为方式生活在这个世界上。和孔子相似，对于孟子来说，"义"这一正义的标准在本质上也就是"仁"，只不过是一种对于"仁"的外化形式。孟子说，

> 仁之实，事亲是也；义之实，从兄是也；智之实，知斯二者弗去是也；礼之实，节
> 文斯二者是也。（《孟子·离娄上》）

在这里，"仁"似乎强调的是一种"情感"，而"义"似乎包含了更多理性和现实的考

---

① 钱穆：《论语新解》，生活·读书·新知三联书店2005年版，第94页。

虑,是一种遵循正确道路来行事的"义务"。从这点上也可以看出,"仁"在狭义上来讲是一种不讲求回报的子女对父母的感情,推而广之也就是人与人之间的真挚情感。"义"则是一种弟对兄的遵从,这种遵从基于兄长的丰富生活经验或生活智慧,推而言之也就是劝诫人们在社会上需要遵循或跟随那些比自己年长从而更有生活经验和智慧的人,这是做一件正确事情的前提。在另一段话中,孟子也强调了父兄在一个人成才过程中的关键作用。他说,

> 中也养不中,才也养不才,故人乐有贤父兄也。如中也弃不中,才也弃不才,则贤不肖之相去,其间不能以寸。(《孟子·离娄下》)

在孟子看来,父兄对一个人的成长起着关键的作用。贤明的父亲和兄长能够正确地教导一个人,使他按照正确的路线成长。这其中就有父兄自身的成长经验和生活经验的灌输。因此,"义之端"的形成和发展就具有了外在特征。

孟子说:

> 人皆有所不忍,达之于其所忍,仁也;人皆有所不为,达之于其所为,义也。
> (《孟子·尽心下》)

从这里可以看出,孟子将"仁"与"忍"这种人内心的情感联系起来,而将"义"与"为"这种人外在的行为联系起来。这就反映出"仁"和"义"所强调的不同方面。孟子说,

> 夫义,路也;礼,门也。惟君子能由是路,出入是门也。(《孟子·万章下》)

"仁"就如同人所居住的安宅,"礼"便是进出这座宅第的大门,而"义"便是这座宅第门前通往外界的路。"仁"意味着一个人需要有一个安静的内在心灵环境,在这个环境中,他可以相对自由地用自己的真情实感来对待自己的亲人,因而这是一个人安身立命的地方。"礼"便是这个地方的大门,也就是通向外界的一个通道。在这里,人就不再简单地用自己的情感来对待别人,还要通过遵循一定的礼节规范来与他人交往。因为如果另外一个人不是自己的亲人,便很难接受你用对待自己亲人的方式来对待他。所以,通过遵循"礼"的规范,一个人便学会了与他人相处的恰当方式。除了"仁"和"礼",还需要走上一条"义"的路,才能真正在人世间顶天立地。"义"其实是一种在任何情况下都能遵循正确道路来行使道德义务的能力。一个人可能对别人充满了真情实感,也对别人待之以礼,但仅仅有这些还是不够的,还需要有一种甚至敢于触犯某些外在规则而坚持道德义务的能力。这是因为现实世界存在着很多复杂而多变的情况,在某些特别的情况下,要克服某些规则的羁绊,才能成就圆满的结果。比如孟子所提到的伸手去救溺水之嫂的道德困境。如果按照"义"的要求,就应该伸手去救,因为只有这样才符合道德的要求。试想一个人如果只对嫂子"仁"且有"礼",但并不能突破"男女

授受不亲"的规则,那就会在这种特殊情况下放弃救人的打算,这当然是一种道德的悲剧。因此,当"礼"无法解决某些特定境况中的问题的时候,"义"就发挥着主导作用。"义"的最大特点就在于能够连接内外,使得内在的道德责任感与外在的具体境况相互联系,从而使得人即便在"礼"尚未规定或已规定但却不适合的时候,也能做出正确的判断和行动。孟子说:

> 浩然之气……其为气也,至大至刚,以直养而无害,则塞于天地之间。其为气也,配义与道;无是,馁也。是集义所生者,非义袭而取之也。行有不慊于心,则馁矣。(《孟子·公孙丑上》)

这其实就是说,浩然之气乃是人通过不断"集义",也就是不断积累善行而逐渐形成的,并不是偶然行一事符合"义"就能够形成。① 因此,"义"这一内心的道德善端通过外在的道德实践不断得以成熟和完善,而浩然之气也就由此而成。

我们可以看到,孟子继承并发展了孔子关于"义"的道德实践的思想,也就是如何将内心的道德良知付诸个体行为,使之能够依良善而行。但在"义"的政治建构一面,孟子则未能对孔子的思想进行充分的发展,这使得儒家思想在战国晚期愈发重视外在政治实践的形势下显得有些格格不入。②

四、郭店竹简之"义":道德实践与政治向度

郭店《五行》篇言道:

> 仁形于内谓之德之行,不形于内谓之行。义形于内谓之德之行,不形于内谓之行。礼形于内谓之德之行,不形于内谓之行。智形于内谓之德之行,不形于内谓之行。圣形于内谓之德之行,不形于内谓之德之行。德之行五,和谓之德,四行和谓之善。善,人道也。德,天道也。

这段话主要讲了"仁"、"义"、"礼"、"智"和"圣"这"五行"。对于简文作者来说,只有形成于内心的才是"德之行",而仅仅遵循外在道德规范的行为只是"行"。仁义礼智圣这五者和谐共存,就称之为"德",而仁义礼智四者的和谐共存则称为"善"。"德"是具有超越性"天道",而"善"则是世俗的"人道"。仁义礼智四者的和谐共存固然是"善",但也只是人世间的道德伦理规范,也就是"人道"。这种"人道"的特点就在于只遵循外在的道德规范而行为,并不是发自内心的道德行为。对于儒家来说,真正具有生

---

① 参见朱熹:《四书章句集注》,中华书局 1983 年版,第 231—232 页。
② 道家、墨家思想在战国中后期逐渐兴盛起来,甚至超过了儒家思想而成为当时社会的主流思想。正因如此,孟子叹道:"杨朱、墨翟之言盈天下。天下之言不归杨,则归墨。"(《孟子·滕文公下》)

命力的道德行为一定是发自内心的,也就是"形于内"。唯有如此,才能实现"天道",也才能达到"圣"的"德之行"境地。① 那么,怎样才能"形于内"呢?

《五行》篇言道:

> 不仁,思不能精。不智,思不能长。……不仁,思不能精。不圣,思不能轻。不仁不圣,未见君子,忧心不能忡忡;既见君子,心不能降。
>
> 仁之思也精,精则察,察则安,安则温,温则悦,悦则戚,戚则亲,亲则爱,爱则玉色,玉色则形,形则仁。

这段话提到了"仁之思"。人只有进行"仁之思",思虑才能"精",也就能"察",继而才能实现儒家"仁"的理想。陈来认为,《五行》篇里提到的这个"精察"就是体察对方动向原初的发动。也就是如梁漱溟所认为的,儒家伦理最关键和最核心的就是以对方为主,能够体察对方的需要。② 这其实就是一种摆脱自我意识约束,走向大同意识的关键所在。人只有能够摆脱自我意识的约束,超越对自我的关注,才能推己及人,实现儒家的伦理理想。因此,在这个意义上,实现儒家理想和"行于内"的关键在于"仁之思"。只有能够考虑和认识到他人的需要,并且摆脱了自我需求的限制,才能最终实现"仁"的理想。从这个角度上讲,"仁"就具有了和"圣"一样的超越性。唯有超越自我意识的局限性,才能实现儒家推己及人的理想,也才能达到超越自我和他人的"圣"的境界。

《五行》篇还言道:

> 不聪不明,不明不圣,不圣不智,不智不仁,不仁不安,不安不乐,不乐无德。

"圣"的状态意味着能够细察、认知天道,实现与天的沟通。唯有达到这种状态,人才能走出自我意识的局限性,认识到天地万物与我为一体的道理,这其实就是"智"。而唯有达到这种天地万物与我为一体的认识,人才能实现"仁"的理想,才能去真正地爱他人如同爱自己一样。因此,"仁"、"智"、"圣"三者实际上是相互融合、浑然一体的。

---

① 学界对"圣"字已经进行了较为深入的分析。陈来认为,"圣"的字形有耳和口,因而"圣"拥有很高的听觉,而听觉作为知觉能力是能够直接了解天道的,而"圣"更多地表现为一种能力和素质,不是特定的道德行为。(陈来:《竹简〈五行〉篇讲稿》,生活·读书·新知三联书店 2012 年版,第 15 页)金秉骏也指出,先秦早期的文献中,"圣"具有神圣的意味,"圣"和"神"是在同样的层次里频繁并列的。但到了战国中后期,"圣"逐渐失去了神圣的意味,而逐渐带上了人文的色彩。事实上,"圣"在《五行》篇中的含义与《国语》中描述的"巫觋"相似,都具有与天神的沟通能力。这时的"圣"仍然保留了较多原始的含义。但到了战国中后期,孟子对仁义礼智逐渐重视,"圣"则逐渐失去了神圣的色彩,而逐渐成为道德圣人的含义。(金秉骏:"郭店楚简《五行》篇中的'圣'和'乐'",《清华大学学报》(哲学社会科学版) 2006 年第 6 期。)

② 陈来:《竹简〈五行〉篇讲稿》,生活·读书·新知三联书店 2012 年版,第 60 页。

简文接着讲道:

> 圣人知天道也,知而行之,义也;行之而时,德也。见贤人,明也;见而知之,智也。知而安之,仁也。安而敬之,礼也。(《五行》)

圣人能够知天道,而这就是"智"。然而,知天道并不是结束,而是一个新的开始。人因为有了天地万物为一体的认知,才能安顿自己的内心,使自己能够爱其他的人如同自己一样,这就是"仁"。以这样的仁心去付诸实践就是"义"。在对待他人如同自己的过程中,能够时时对他人表达自己的尊敬,这就是"礼"。从这个意义上讲,"智"、"仁"、"义"、"礼"又是相辅相成,融为一体的。只有"智",才能达到"仁",但只有"仁"也不行,必须要有将"仁"付诸实践的"义"。在"义"的指导下,也才会有"礼"。因此,如果没有天地万物为一体的认知("智")和将之付诸实践的决心和能力("义"),就不可能在真正意义上实现推己及人的儒家"仁"之道德理想。在这个意义上,本体论、认识论和伦理学是一体相通的。

郭店竹简《性自命出》篇也提到:

> 义也者,群善之蕰也。

这就是说,"义"是整合各种善之倾向的表征,①而"善"在《五行》篇中就是"仁义礼智"这四"行"之和。正如《五行》篇所言,"善"其实是"不形于内"的外在道德规范的总体。在这个意义上,"义"是外在道德规范的整合,也就是指导人外在行为的准则,因而具有外向性的特征。正如林素英所指出的,

> "四行之和"的架构,特别凸显"见而知之"的"智"对确立判断力之重要性,以"知而安之"的"仁"为行善之最重要关键,以"安而行之"的"义"为行动之标准,最终则以"行而敬之"的"礼"维系人间适当之关系。②

我们可以发现,同孔子和孟子相似,郭店竹简也同样重视"仁"和"义"在道德层面的关系。但与孔子和孟子不同的是,郭店竹简开始逐渐拓展"义"在政治层面的内涵。对于简文的作者而言,"仁"是由对自己亲人之孝推延至关爱天下众生,而"义"则是将有贤能的人举荐,尊贤禅让。

> 尧舜之行,爱亲尊贤。爱亲故孝,尊贤故禅。孝之施,爱天下之民。禅之传,世亡隐德。孝,仁之冕也。禅,义之至也。六帝兴于古,皆由此也。爱亲忘贤,仁而未义也。尊贤遗亲,义而未仁也。古者虞舜笃事瞽叟,乃戴其孝;忠事帝尧,乃戴其臣。爱亲尊贤,虞舜其人也。(《唐虞之道》)

---

① 丁原植:《楚简儒家性情说研究》,(台北)万卷楼图书有限公司2002年版,第86—87页。
② 林素英:《重构先秦儒学之发展——以〈五行〉、〈性自命出〉、〈中庸〉与荀子之批评为讨论核心》,复旦大学出土文献与古文字研究中心编:《出土文献与中国古典学》,中西书局2018年版,第229页。

对自己的亲人孝,而且能够推至天下之民,就能达到"仁";能够尊敬贤能之人,并且能够将帝位禅让给他,这就是"义"的最高境界。对于一个儒者来说,要同时做到"仁"和"义"二者,才可以称之为像舜一样的人。从这个角度上说,"仁"似乎更偏重于强调人内心生发的道德力量,而"义"则更偏重于从政治的角度来强调人应当如何正确地行为。正因如此,简文后来才说"仁,内也。义,外也。"(《六德》)对于儒者来说,内在的"仁"要比外在的"义"重要,因为"仁"是"义"的根本,没有"仁"就不会有"义"。简文说:

> 内立父、子、夫也,外立君、臣、妇也。……为父绝君,不为君绝父。……门内之治恩掩义,门外之治义斩恩。(《六德》)

这就是说,内在的"仁"涉及到对父亲的孝和对儿子的爱护,而外在的"义"则涉及对君主的忠诚等。在"门内"时,是更注重亲情仁爱,但在"门外"时,要遵循礼法忠义的原则。当然,对简文的作者来说,最好的方式是内外兼顾,仁义并举,正如《语丛一》中所说:

> 厚于仁,薄于义,亲而不尊。厚于义,薄于仁,尊而不亲。

所以,人最好能够仁义并重,既能亲于内,也能尊于外。《六德》中还说:

> 任诸父兄,任诸子弟,大材艺者大官,小材艺者小官,因而施禄焉,使之足以生,足以死,谓之君,以义使人多。义者,君德也。

在这里,"义"俨然已经成为君主必须掌握的一种能够任人唯贤、统治国家的能力。①

从对郭店竹简各篇的探讨可以看出,虽然"义"在简文中也同样具有将内在道德智识转化为外在道德实践的能力,但相比起孔子和孟子对"义"的道德化诠释,简文中对"义"的政治化解读明显加强了。"义"不再只是笼统地指称君臣之间的关系,它还包含了政治制度和社会建构的含义,甚至禅让制也成为了"义"的题中应有之义。

从以上的讨论我们可以看出,从商周之际对于"义"的社会政治秩序一面的强调到孔子、孟子对于"义"的道德化解读,再到郭店竹简对"义"的政治化秩序一面的再次强调,"义"这一概念经历了一个从政治到伦理而后再到政治的发展历程。这样一种概念内涵的发展历程其实也反映了当时社会和历史的变迁。商代社会对于鬼神的崇拜来源

---

① 事实上,正如本文第一节所论述的,也有学者指出:在《尚书》中就已经能够找到对于"义"的政治化解读的思想。如《泰誓》中有"同力度德,同德度义,受有臣亿万,惟亿万心",《洪范》也言道,"无偏无陂,遵王之义",《康诰》"汝陈时臬事,罚蔽殷彝,用其义刑义杀,勿庸以次汝封。"这些都是将"义"应用于政治情境中的体现。(参见林素英:《重构先秦儒学之发展——以〈五行〉、〈性自命出〉、〈中庸〉与荀子之批评为讨论核心》,《出土文献与中国古典学》,中西书局 2018 年版,第 233—234 页。)

于其对于社会政治秩序的关切,而商周之际的混乱社会局面更促使人们对社会政治秩序加以强调。至西周时期,社会稳定、政治清明,此时道德和伦理秩序开始凸显出其重要意义,礼乐文化和道德原则开始成为主流,直至春秋时期,对于道德原则的内在追溯成为孔子等儒家学者的毕生追求。但随着战国时代的到来,社会秩序再次陷入到极度混乱之中,此时社会政治秩序又一次成为儒家学者关注的焦点。

庄子思想之"四时"

王　杰[①]

　　时间问题是中国古代传统文化中的一个重要问题。根据一些学者研究,早在殷商时代就已经存在"四时"的概念。在后期的《管子》、《墨经》、《尸子》等典籍中亦有对时间问题的探讨。但是,根据海外学者陆世骧研究,是庄子真正意义上完成了对时间概念的建构,并指出这无论对中国语言史,还是思想史来说,都是重要的一环[②]。无疑"时"是庄子思想中的一个重要概念。例如,在《庄子》中就有"四时"、"安时而处顺"、"时命"、"与时消息"、"时无止"、"无几无时"等概念。本论主要通过对"四时"内涵的讨论,从其与"气"、"道"的关系角度,揭示万有生命的本质。

一

　　四时迭起,万物循生。(《庄子·天运》)

　　日月照而四时行,若昼夜之有经,云行雨施矣。(《庄子·天道》)

　　天地有大美而不言,四时有明法而不议,万物有成理而不说。(《庄子·知北游》)

　　阴阳四时运行,各得其序。(《庄子·知北游》)

　　四时殊气,天不赐,故岁成。(《庄子·则阳》)

　　阴阳相照,相盖相治,四时相代,相生相杀。(《庄子·则阳》)

　　夫春气发而百草生,秋正得而万宝成。夫春与秋,岂无得而然哉?天道已行矣!(《庄子·庚桑楚》)

　　吴国盛认为,天象、气象、物候等自然环境构成的情境、形势,即"天时"、"四时"[③]。不过,结合《庄子》的文本特色来看,这样的概括显然太过笼统、生硬。因为通过以上诸

---

① 作者系北京社科院哲学所助理研究员、哲学博士。

② Shih-siang Chen,"The Gen esis of Poetic Time",in Tsing Hua Journal of Chinese Studies,Vol.10,1(1973),p.21.

③ 吴国盛:《时间的观念》,商务印书馆 2019 年版,第40—46页。

例可以看出,"四时"勾画出的是一幅活生生的画面:日月交相辉映,云行雨施,河水涌涨,四季循环交替,天地间的万物随着气候、节律的变更,不断地在生灭变化。节律又随着日月的照耀而在不断变化,而日月又无非是阴阳的显现。因而,四季交替实际是阴阳盈虚变化的表象,"四时殊气,天不赐,故岁成"(《庄子·则阳》)。因阴阳二气的盈虚不同而有四时之分,而有春生夏长,秋收冬藏,而有万物的迅速流转与生灭:"物之生也,若骤若驰。无动而不变,无时而不移。"(《庄子·秋水》)

很显然,"四时"虽然在理解上是抽象的,在感觉上是静悄悄的,实际却是具象而生动的。因为,它非四个时刻或者彼此分割的四个时段,而是绵延不绝、循环不息的,是生命的画卷,万有的生命轮替在其中展现。所以,它非静止的,是变化、流动的;它是曲的,往复循环从无停息,人莫知其所始,莫知其所终,它体现的是周期性的循环时间观。万有的生命在"四时"的循环往复中"相生相杀"。其中,"相"字表明,四时的循环与万物的生灭是彼此依存的一体关系,万物要借"时"而生,因"时"而灭。其次,"生"、"杀"则具体呈现出万物生灭的动相,暗示万物此起彼灭,若骤若驰,无有停息,皆是短暂性的时间存在。再次,依"四时"而生的"生"、"杀",还体现了万有生命的节奏与韵律,秩序与轨则。

综合上述可以说,"四时"呈现的是一个彼此息息相关、生生不息的整体生命现象界、时间性整体。万有生命在天覆地载中,各依本具的生命韵律和谐相生,生杀不已,在由"四时"与天地构成的时空舞台中交相辉映。同时,"四时"之"时"也因万有生命的生杀不已而得以凸显。故在此种意义上说,"四时"之"时"是"有"。但是,"四时",以及与之相应的万有生命又实是阴阳二气的变化所现:

> 人之生也,气之聚也。聚则为生,散则为死……是其所美者为神奇,其所恶者为臭腐。臭腐复化为神奇,神奇复化为臭腐。故曰:"通天下一气耳。"(《庄子·知北游》)

> 天地者,万物之父母也。合则成体,散则成始。(《庄子·达生》)

神奇与臭腐之间的互相衍生表明"通天下一气",万有生命皆本根同体一,均由天道(天地、阴阳二气)的运化而成,"天道运而不积,故万物成。"(《庄子·天道》)又,"夫春气发而百草生,秋正得而万宝成。夫春与秋,岂无得而然哉?天道已行矣!"(《庄子·庚桑楚》)万有生命的节奏与韵律、秩序与轨则,即是"天道"本身的示现。由此可见,"四时"之"有"依存于"气"之"无",而有形之万物又是无形之气(天道)所生。所以,"四时"本身与由"四时"所体现的生命现象界,以及与阴阳二气是浑然一体的,皆是一气而成,皆是"天道"本身的显现。

二

"万物皆种也,以不同形相禅,始卒若环,莫得其伦,是谓天均。天均者,天倪也。"
(《庄子·寓言》)万物都是种子,以不同的形态首尾相接递相轮转,自然的往复周流,示
现"天道"的往还。因而,"四时"之"有",是自万物本身角度所言之"有"。如果从万物
根同源一个的角度而言,"四时"之"有"则是"四时"之"无"。此之"无"即是向"气"之
"无"的回归。对此,早有研究者从词源学的角度指出,"时"这个字与植物生长有关,它
表示埋在泥土下的生命种子,在阳光的照耀下开始发芽①。这无非再次表明"四时"之
"时"即气。

再又,"是故天地者,形之大者也;阴阳者,气之大者也;道者为之公。"(《庄子·则
阳》)天地与阴阳二气皆是"天道"的妙用显现,故再次表明"四时"之"无"向"气"之
"无"的回归,是向"道"、"天道"的回归,而"道"、"天道"本为万有生命的根、源头。所
以,上节所论之"安时",实是道体的当下呈现。因而,当下的刹那即是永恒,是没有物
我、是非分别的"道通为一(《庄子·齐物论》)"之境地。在这样的境地,由人创造的
"时间"成为虚妄不实的存在,人超越了"时间"的有无,并从中获得了完全的解脱。

再返回来看可知,现象界的"四时"所呈现的时间意义是相对的,在表相上是无限
循环的。它的无首无尾的螺旋性旋转,暗示万有生命本自圆满,自在祥和;春生夏长、秋
收冬藏,又暗示万有生命本自丰盛,毋须外求。这皆因为万物本身即是"道"、"天道"的
示现。这一点在庄子叙述的古代生活中得到了完美呈现:

> 古之人,在混茫之中,与一世而得淡漠焉。当是时也,阴阳和静,鬼神不扰,四
> 时得节,万物不伤,群生不夭,人虽有知,无所用之,此之谓至一。当是时也,莫之为
> 而常自然。(《庄子·缮性》)

在混沌蒙昧的远古时期,人与那个源头——"道"全然合一,各自圆满、自足,彼此
淡漠相处,互无所求,人的心智了无用处。同时,天地的阴阳因没有受到人心智的侵扰,
故阴阳未失其平衡,四时未失其有序,万有生命能不受伤害而能全其天年。一切只是自
然而然,循"道"相生。但是,待到后世:

> 逮德下衰,及燧人氏伏羲始为天下,是故顺而不一。德又下衰,及唐虞始为天
> 下,兴治化之流,浇淳散朴,离道以为,险德以行,然后去性而从于心。心与心识知,
> 而不足以定天下,然后附之以文,益之以博。文灭质,博溺心,然后民始惑乱,无以

① [法]路易·加迪等:《文化与时间》,郑乐平、胡建平译,浙江人民出版社1988年版,第32页。

反其性情而复其初。由是观之,世丧道矣,道丧世矣。(《庄子·缮性》)

当人的心智开始运作,加于万物之时,使一切偏离了"道"的轨道,最终使"道"不再世间流行,阴阳失衡,四时失序,万有生命失其根,均遭涂炭。因而,人是否能"反其性情而复其初",弃心智,回归生命的源头"道",对生命整体现象界的存亡至关重要。既然如此,庄子所言之"道"究竟是什么? 有"道"之人又会呈现出怎样的境界呢? 在此不做细论,仅引用庄子对"道"之论述最为详尽的一段作为参考:

夫道,有情有信,无为无形。可传而不可受,可得而不可见。自本自根,自古以固存。神鬼神帝,生天生地。在太极之上而不为高,在六极之下而不为深;先天地生而不为久,长于上古而不为老。狶韦氏得之,以挈天地;伏羲氏得之,以袭气母;维斗得之,终古不忒;日月得之,终古不息;堪坏得之,以袭昆仑;冯夷得之,以游大川;肩吾得之,以处大山;黄帝得之,以登云天;颛顼得之,以处玄宫;禺强得之,立乎北极;西王母得之,坐乎少广,莫知其始,莫知其终;彭祖得之,上及有虞,下及五伯;傅说得之,以相武丁,奄有天下,乘东维,骑箕尾,而比于列星。(《庄子·大宗师》)

"道"是真实的、可信的,却有无意作为,无形无相,无法目见,为天地万物之母,亘古以存。它是万物的源头,变化的主宰,不同的人得到它,会体验到不同的空间次元。例如日月得到它,运行永不停息;黄帝得到它,可以登上云天;彭祖得到它,从远古的有虞时代一直活到五霸时代。这些体道之人即庄子所言大智之人、真人。对这些人来说,存在的只有当下一念。这一念即是道体的全然显现,无彼无我,无生无死,无古无今,有的只是永恒的的刹那。

三

对得道之人而言,所谓的过去、现在、未来并不存在。它的存在,仅是为还未体道悟真之人所设。未体道之人,试图在时间的绵延中用记忆建构生命的信息,以确认自身的存在;试图在时间的无限延展中用过去、未来证明自己曾经存在、将会存在,以为自己的存在寻找慰藉与理由。但是,殊不知如庄子所言:"来世不可待,往世不可追"(《庄子·人间世》)。未来的还未来,过去的已经过去,期冀未来与缅怀过去都是徒劳之举。况且,如前所述,存在的只有稍纵即逝的当下,本无过去与未来。所以,人如果不能真正"安时",总是穿梭于过去与未来,从来不曾真正体味过夏之暖、冬之寒,从来不曾真正体验过当下的美妙,就是有违"四时"的背"道"行为。这样的人虽然存在于世间,却并未真正的活着。真正活着的是庄子笔下的那些大智之人、真人:

古之真人,不知说生,不知恶死;其出不欣,其入不距;翛然而往,翛然而来而已

矣。不忘其所始,不求其所终;受而喜之,忘而复之,是之不以心捐道,不以人入天。(《庄子·大宗师》)

　　古之真人,其状义而不朋,若不足而不承;与乎其觚而不坚也,张乎其虚而不华也;邴邴乎其似喜乎,崔乎其不得已乎! 滀乎进我色也,与乎止我德也;厉乎其似世乎! 謷乎其未可制也;连乎其似好闭也,悗乎忘其言也。以刑为体,以礼为翼,以知为时,以德为循。以刑为体者,绰乎其杀也;以礼为翼者,所以行于世也;以知为时者,不得已于事也;以德为循者,言其与有足者至于丘也,而人真以为勤行者也。故其好之也一,其弗好之也一。其一也一,其不一也一。其一与天为徒,其不一与人为徒。天与人不相胜也,是之谓真人。(《庄子·大宗师》)

古代的真人不贪生不恶死,无论什么际遇都欣然接受,只是因为存在而存在。他们没有好恶、同异之分,亦没有过去、未来之别,超越了所有限制,把一切视为一个整体,时间在他们面前失去意义,他们只是"与天为徒",完全融入了"天"中、"道"中、"四时"中。所以,非如杨国荣所言,庄子在注重现在(当下)的同时,对现在与过去、往世、未来、来世的联系似乎未能给予充分的注意①。而是对庄子而言,只有当下的现在,当下的现前一念已经包含了通常意义的过去、未来、现在。这样的存在状态,就如庄子笔下的冉相氏:

　　冉相氏得其环中以随成,与物无终无始,无几无时。日与物化者,一不化者也,阖尝舍之! 夫师天而不得师天,与物皆殉,其以为事也若之何? 夫圣人未始有天,未始有人,未始有物,与世偕行而不替,所行之备而不洫,其合之也若之何?(《庄子·则阳》)

理解此段的关键词句是"环中"。对此,庄子在《齐物论》中亦有言及:"彼亦一是非,此亦一是非。果且有彼是乎哉? 果且无彼是乎哉? 彼是莫得其偶,谓之道枢。枢始得其环中,以应无穷。"(《庄子·齐物论》)对此郭象注曰:"夫是非反覆,相寻无穷,故谓之环。环中,空矣;今以是非为环而得其中者,无是无非也。无是无非,故能应夫是非。是非无穷,故应亦无穷。"成玄英疏曰:"环者,假有二穷;中者,真空一道。环中空矣,以明无是无非。是非无穷,故应亦无穷也。"②

郭象认为无穷的是是非非是环,如超越是是非非的分别即得环中。成中英亦秉承郭象之意,释"中"为真空,以应无穷。真空生妙有,妙有不碍真空,故得环中能鉴明是非即非是非,而能应对无穷的是非。换言之,唯有超越相对的彼此是非,才是入道的关

---

① 杨国荣:《庄子的思想世界》,生活·读书·新知三联书店2017年版,第222页。
② 郭象注,成玄英疏:《南化真经注疏》,黄兰发等点校,中华书局1998年版,第35页。

键;唯有掌握了这个关键,才会契入道的虚无体性(环中),从而随缘不变,不变随缘,与是非、"四时"相始终,而无是非、"四时",甚至"道"。所以,"环中"不是封闭的局限性空间,而是无限宽阔的道域,是"道"的虚无体性的言语展现。这再次说明,在大智之人、真人面前,时间是不实的存在,时间意义上的"四时"所呈现之万象是"道"在现象界的显现,四时其本质亦是气之虚无。

四、结　语

综上所述,庄子对"四时"之"时"的体悟,是由现象界回归本体,再由本体反呈现象界,以体用的交相互现的方式,告诉我们世间万象的实质是什么,人真正的存在状态又是什么。这说明,庄子是以当时之"时间"与"空间"为背景,来体悟万有生命的本质。这意味着庄子于世出世间,并未割离"时"与所处之"空间"的关系。关于此点,从庄子的以下言论可以看出:"刻意尚行,离世异俗,高论怨诽,为亢而已矣。此山谷之士、非世之人、枯槁赴渊者之所好也。"(《庄子·刻意》)这表明庄子虽然自埋于民,却未避世而行,他立足于社会现实中所处的时空点,回归于万有生命的源头——"道",活得生动而活泼,借用诙谐而幽默的语言道出了"时"的虚无性、"四时"即"道"。

《尚书·牧誓》"虎贲"考

王文军[①]

《尚书·牧誓》序[②]描述了周武王伐商队伍的构成和规模,但对于其中的"虎贲"一词,历来却争议颇多:无论是对于虎贲的性质,还是其真正的数目,不同文献的记载都不相同,而历代学者对此也多持不一样的观点。同时,《周礼》等文献中关于虎贲的记载也对后人理解《牧誓》中的虎贲造成了一定的干扰。因此,本文拟就此问题作一探究,通过以"《牧誓》虎贲"为中心的考证和辨析,以期厘清如下问题:其一,《牧誓》中虎贲的性质和具体数目;其二,《牧誓》的虎贲与《周礼》体系的虎贲之间的关系;其三,牧野之战中虎贲的作用以及周代虎贲之制的形成。同时,希望以此问题为切入点,对牧野之战的军队配置乃至周人的政治模式等问题形成一个更为深入的认识。

一、虎贲、虎贲氏与虎士

虎贲一词,始见于《尚书·牧誓》序。按照孔安国的解释,所谓虎贲者,"勇士称也。若虎贲兽,言其猛也。"孔颖达则将这里的"虎贲兽"进一步疏解为:"若虎之贲走逐兽。"[③]这也就是将虎贲之贲解释为奔跑之奔。实际上,此解并非"贲"的本义。《说文》解"贲"云:

> 饰也。《易·象传》曰:"山下有火。"《序卦传》曰:"贲,饰也。按古假贲为奔,从贝。"[④]

从《说文》的解释及其所引的《易传》之文来看,"贲"的本义应当为装饰,被假借为"奔"是其后起之义。[⑤] 当然,这种假借也并非没有道理,因为从篆文来看,"贲"字下部

---

① 作者系北京市社会科学院哲学所助理研究员、哲学博士。
② 对于《尚书》书序的作者,虽然有所争议,但考诸《牧誓序》,其记载与先秦诸多文本皆能印证,故可资采信,至于争议之厘定,则不在本文讨论范围。
③ 孔安国注,孔颖达疏:《尚书正义》,《十三经注疏》(1),阮元编,(台)艺文印书馆 2013 年版,第 157 页。
④ 段玉裁:《说文解字注》,中华书局 2013 年版,第 282 页。
⑤ 关于"贲"被假借为"奔"的音韵学解读,可参考崔立军《"虎贲"新解》一文,载于《中国史研究》2016 年第 2 期。

的"贲"字虽有装饰之义,但其上部则是三个类似于叉的武器,确有勇武之象(图)。因此,所谓虎贲,其原始含义应当是指以虎纹或虎皮来装饰,在此基础上,则进一步引申为像猛虎一样奔跑,后来就逐渐演变为对虎贲的通释。

从传世文献来看,至少到了周朝,虎贲已经开始被用作武臣的代称,如《尚书·立政》云:"用咸刑于王曰:王左右常伯、常任、准人、缀衣、虎贲。"①这里的虎贲孔安国就解释为"以武力事王"者,而且地位颇为重要——是作为君王左右之臣而出现的。因此,虎贲又常常被称作虎臣,如《诗经·大雅·常武》云:"王奋厥武,如震如怒。进厥虎臣,阚如虓虎。"②这里所说的虎臣就是虎贲。同时,虎贲(虎臣)又被称为虎贲氏,如《尚书·顾命》云:"师氏虎臣百尹御事。"③孔安国就径直将其解释为虎贲氏。由此可见,作为指代君主的武臣,虎贲、虎臣、虎贲氏三者同义。

另一方面,作为武臣专称,虎贲(氏)同样出现在《周礼》体系中:"虎贲氏,下大夫二人,中士十有二人,府二人,史八人,胥八十人,虎士八百人。"④(《周礼·夏官·叙官》)不过,从《周礼》的叙述来看,虎贲并非仅仅指某个具体的官员或官职,而是一个包含了较多人数的官制,且从下大夫到士卒,划分了不同的等级,设置了不同的数目。而前文《立政》中所说的虎贲,应当是其中较高的品级(当为下大夫),可称为"虎贲之官"。既然为官制,虎贲(氏)的具体职责是什么呢?《周礼·夏官·虎贲氏》云:

> 虎贲氏掌先后王而趋以卒伍,军旅、会同亦如之。舍则守王闲。王在国,则守王宫。国有大故,则守王门,大丧亦如之。及葬,从遣车而哭。適四方使,则从士大夫。若道路不通有徵事,则奉书以使於四方。⑤

这就是说,虎贲氏主要是负责保护君王的安全,王外出作战或与诸侯会同时守卫在其周边,王不外出时就守卫王宫,此外还有君王丧礼守门、哭灵、君王使者之职。可见,周朝的虎贲实际上就是一支天子的近身卫队,其等级不高(最高者为下大夫),但责任却很重大(直接保卫天子安全)。

此外,与虎贲近似,先秦文献中还多有虎士的称呼,以往多将其等同于虎贲(如下文所引之《风俗通义》),然而从《周礼·夏官》中提到的虎贲氏之编制我们可以清楚地看到,虎士并不等同于虎贲,而是隶属于虎贲之制,且处于最下等级。不过,既然称为虎士,说明其与一般的兵卒还是存在一定区别,郑玄云:"不言徒,曰虎士,则虎士徒之选

---

① 孔安国注,孔颖达疏:《尚书正义》,《十三经注疏》(1),阮元编,(台)艺文印书馆2013年版,第260页。
② 郑玄注,贾公彦疏:《毛诗正义》,《十三经注疏》(2),阮元编,(台)艺文印书馆2013年版,第693页。
③ 孔安国注,孔颖达疏:《尚书正义》,《十三经注疏》(1),阮元编,(台)艺文印书馆2013年版,第275页。
④ 郑玄注,贾公彦疏:《周礼注疏》,《十三经注疏》(3),阮元编,(台)艺文印书馆2013年版,第432页。
⑤ 郑玄注,贾公彦疏:《周礼注疏》,《十三经注疏》(3),阮元编,(台)艺文印书馆2013年版,第474页。

有勇力者。"①这就是说,虎士是从一般步卒中选拔出来的勇猛之士,这无疑表明了虎贲这支队伍是极其勇武的。那么,《牧誓》所言的虎贲是否就是指这支队伍呢?

二、《牧誓》中的"虎贲"

首先来看《牧誓·序》对虎贲的描述以及二孔的注解:

> 武王戎车三百两,虎贲三百人,与受战于牧野。孔安国注云:"勇士称也,若虎贲兽,言其猛也。皆百夫长。"孔颖达疏云:"孔以虎贲三百人与戎车数同,王于誓时所呼有百夫长,因谓虎贲即是百夫之长。"②

从孔安国、孔颖达的解释来看,由于戎车的数目和虎贲的数目相同,皆为三百,且武王誓词里有一个"百夫长",因此虎贲就是百夫长。所谓百夫长,按照孔颖达的解释是指兵卒之统帅("卒帅"),这实际上是将牧野之战中的"虎贲"理解为兵车之长,每辆车一名,一共三百名。然而,这样一种解释却存在着诸多问题:其一,这些虎贲到底是不是武王口中的"百夫长"?实际上,针对孔安国、孔颖达将虎贲解释为"百夫长"的观点,历来有许多争议,而这种观点也确实存在问题,且不论以虎贲为百夫长这种说法在其他文献中都不见提及,仅仅因为二者数目相同,且武王的誓词里有"百夫长"之称呼,就认定虎贲即百夫长,这确实让人难以信服。退一步讲,即使虎贲就是兵车之长,那么他们就和兵车上的其余兵卒混杂在一起。如此,虎贲作为一支勇猛之师,其独立性或意义在何种程度上能得以体现?其二,如果《牧誓》中提到的这些虎贲是"百夫长",那么他们和《周礼》所言的虎贲氏为何种关系?对此,孔安国没有言明,但的确有学人将二者等同,如东汉应劭《风俗通义·皇霸》云:"武王戎车三百两,虎贲八百人,擒纣于牧之野。"③这实际上就是将牧野之战中的虎贲等同于《周礼》虎贲氏之中的"虎士"。

当然,也有不同的看法,如清代的王引之就对此作出了新的解读:

> 虎贲有为宿卫之臣者,《夏官·虎贲氏》"掌先后王而趋以卒伍",《立政》"缀衣虎贲",《顾命》"虎贲百人"是也。有为士卒武勇之称者,《孟子·尽心篇》"武王之伐殷也,革车三百两,虎贲三千人",《楚策》"秦虎贲之士百余万"是也。④

这里,王引之将虎贲区分为两种,一种是指君王的"宿卫之臣",也就是前文提到的

---

① 郑玄注,贾公彦疏:《周礼注疏》,《十三经注疏》(3),阮元编,(台)艺文印书馆 2013 年版,第 432 页。
② 孔安国注,孔颖达疏:《尚书正义》,《十三经注疏》(1),阮元编,(台)艺文印书馆 2013 年版,第 157—158 页。
③ 王利器:《风俗通义校注》,中华书局 1981 年版,第 14 页。
④ 王引之:《经义述闻》,上海古籍出版社 2016 年版,第 1884—1885 页。

虎贲之官;另一种则是一般意义上的勇武之士,可以称为虎贲之卒。王引之认为,《牧誓》中的虎贲并非《周礼》中的虎贲,而是武王对参战的勇猛士卒的称呼,因此他们并非官制中的虎贲之官,而是一般意义上的虎贲之卒,因为在他看来,武王根本没有不用士卒而用自己的左右近臣来临敌的道理。

除了以上两点,更大的争议还在于虎贲的数目。实际上,对于《牧誓》所言的"虎贲三百人",其他文献均有不同记载。如《墨子·明鬼》云:"武王以择车百两,虎贲之卒四百人。"①《孟子·尽心下》云:"武王之伐殷也,革车三百两,虎贲三千人。"②《风俗通义·皇霸》则认为是八百人(见前文)。按,《逸周书·克殷》云:"周车三百五十乘,陈于牧野。王既誓,以虎贲戎车驰商师。"③《墨子》之说或本于此,取其整数成之。而《风俗通义》的说法应当来自《周礼》"虎士八百人"的讲法,此为后起,不可为据。值得重视的是,孟子的说法虽然与另外几家差别较大,但多为后世学人采信,如以考据见长的清代学者江声、焦循、王引之、孙诒让等皆采孟子之说,王引之甚至列举了《战国策》中的《魏策》及《赵策》、《淮南·泰族篇》、《吕氏春秋》的《简选篇》及《贵因篇》,以及《史记·周本纪》等作为佐证④。在他看来,一方面,《孟子》文本较为可信,且诸多文献(如其所引)都和《孟子》记载相同,这足以证明三千之数更为可靠;另一方面,先秦确实有一辆戎车载十人的兵制,这在《左传》和《管子》等文本中也多有反映,因此三千之数也是合理的。

三、从虎贲到虎贲氏

对于牧野之战中虎贲的性质及其数目,王引之的解释颇有说服力。我们知道,周代军制多载于《司马法》,其中关于战车之制,则有"革车一乘,士十人,徒二十人"⑤的讲法,王引之的观点亦当以此为据——既然一车十士,虎贲又是士卒,那么三百乘战车自

---

① 孙诒让:《墨子閒诂》,中华书局 2011 年版,第 245—246 页。
② 焦循:《孟子正义》,中华书局 2012 年版,第 962 页。
③ 引自孙诒让:《墨子閒诂》,中华书局 2011 年版,第 246 页。
④ 王引之所列佐证如下:《战国策·魏策》云:"武王卒三千人,革车三百乘。"《战国策·赵策》云:"汤武之卒不过三千人,车不过百乘。"《淮南·泰族篇》云:"汤武革车三百乘,甲卒三千人。"《吕氏春秋·简选篇》云:"武王虎贲三千人,简车三百乘。"《吕氏春秋·贵因篇》云:"武王选车三百,虎贲三千。"《史记·周本纪》云:"武王率戎车三百乘,虎贲三千人。"引自王引之:《经义述闻》,上海古籍出版社 2016 年版,第 1885 页。
⑤ 王震:《司马法集释》,中华书局 2018 年版,第 218 页。按,除此之外,《司马法》又有"长毂一乘,甲士三人,步卒七十二人"(第 216 页)的讲法。杨英杰通过具体考证,认为"'革车一乘,士十人,徒二十人'之制主要是行于西周和春秋前期。'长毂一乘,甲士三人,步卒七十二人'之制主要是行于春秋和战国时代。"杨英杰:《先秦战车制度考述》,《社会科学战线》1983 年第 2 期。

然就是三千虎贲。不过,虎贲数目虽然得到了解释,但在具体作战中,这些虎贲是否就全部配属在战车上呢?需要考虑的现实是,商周时期的战争虽然普遍使用战车,但在具体的作战中,更多采用的恐怕还是车战和步战相结合的方式,这既出于作战功能与效率的考虑,也受限于距离、地形等实际因素。许倬云以《左传》桓公五年周郑之战中郑师鱼丽之阵以兵车和步卒配合作战为佐证,认为虎贲三千人或许应当包括车卒和步卒两部分:"即使以三百五十乘计,每车戎甲士一人由虎贲担任,整个数字也只有虎贲三百五十人,传统所谓虎贲三千人,大约有大部分不配属在兵车上。这些虎贲之士,可能是执干戈佩长剑的步卒?"本文无意于对牧野之战中虎贲的具体配置作出定论,只是提出,如果我们采信传统的虎贲三千人的讲法,许倬云之说或许可以成为一种合理的补充,特别是考虑到先秦战役车战与步战相结合的大前提。

另一方面,从王引之的解释中,我们也大致可以对"虎贲"一词作出两个层面的理解:其一,作为一般意义虎贲之卒,主要用来形容勇猛的士卒;其二,作为武官专称的虎贲之官,指的是君王的近身武臣及其统领的卫队。然而,这也就同时引出另外一个问题:此二者何者为先?是先有作为勇士的虎贲,而后才逐渐发展为对护卫君王之武官的专称?还是先有作为武官专称的虎贲,而后引申出更为宽泛的虎贲称谓?从现有先秦典籍中出现的"虎贲"来看,其大都是作为第二种意义存在的,这就容易让人认为虎贲最早是作为武官专称而出现,后来才逐渐发展为勇士的代称。在笔者看来,应当先有虎贲之卒,然后才有虎贲之官,而《尚书·牧誓》中的虎贲或许可以印证这种观点。

牧野之战,关乎国运,从诸多文献对虎贲都有提及这一点来看,这支虎贲应当是周武王从士卒中挑选出的骁勇之士所组成的一支精锐之师。之所以组建这样一支队伍,无疑是因为其迅猛而巨大的杀伤力,在大型的战役中,这样的战略配置无疑可以收到奇效,大大增加胜利的几率。可以想见,武王必定是想让这支虎贲之师如尖刀一般直插殷商的首都朝歌。事实上,这支队伍也确实收到了奇效,《吕氏春秋·古乐》云:"武王继位,以六师伐殷,六师未至,以锐兵克之于牧野。"[1]这里的锐兵应当就是指(至少包括)这支虎贲之师。也就是说,武王本来是率领六师攻打朝歌,结果六师还未到达,这支由虎贲组成的队伍就已先在牧野大败殷商之师。无疑,这段描述不仅体现了虎贲之师的勇武,而且也在一定程度上说明这支虎贲在牧野之战中确实可视为一支独立的队伍。当然,根据《尚书》、《国语》、《墨子》等文献的说法,由于此时的殷商王朝早已奢靡腐烂,百姓怨声载道,以至于战争打响不久,殷商的军民就纷纷倒戈于武王[2]。然而可以

---

① 陈奇猷:《吕氏春秋新校释》,上海古籍出版社 2002 年版,第 289 页。

② 如《国语·周语》云:"商王帝辛大恶于民,庶民不忍,欣戴武王,以致戎于商牧。"徐元诰:《国语集解》,中华书局 2002 年版,第 5—6 页。

肯定的是,这支虎贲之师在牧野之战中必然发挥了非常重要的作用。甚至可以设想,正是因为这支队伍在武王问鼎天下的战役中发挥了很好的作用,在周代的官阶中才专门设立了虎贲这种制度,从骁勇善战的士卒中选拔精英,成立了一支专门保护天子的卫队,而这也恰恰解释了为何在周代的文献中突然出现了大量的"虎贲"一词。因此,在笔者看来,虎贲最开始就是代指勇猛之士,不过后来由于其勇猛善战甚至屡建功勋,由此才逐渐发展为一支护卫君王的常规型卫队。而这也意味着,我们应当将《牧誓》中的虎贲和《周礼》中提到的虎贲区别对待,正如王引之所言,前者是作为士兵的虎贲之卒,而后者则是作为官制的虎贲之官。而且,尽管二义可以并存①,但前者在很大程度上正是后者形成的基础。

四、结　语

以上大致厘清了《牧誓》中的虎贲的性质、数目以及虎贲之制的形成。不过,从《牧誓》的文字来看,牧野之战的军队配置不仅仅是三千虎贲,而是一个配置非常丰富的队伍:

> 王曰:"嗟! 我友邦冢君,御事司徒、司马、司空,亚旅、师氏,千夫长、百夫长,及庸、蜀、羌、髳、微、卢、彭、濮人。称尔戈,比尔干,立尔矛,予其誓。"②

从武王的誓词来看,牧野之战的军队配置主要由三部分组成:第一,作为兄弟或同姓宗邦的"友邦冢君"③,也就是所谓姬姓宗族,当然其中应该也包括姜姓同盟(姬姜一体)。第二,本国的军官、将领以及兵卒。其具体所指,按照孔安国的解释:司徒主民,司马主兵,司空主土,亚旅为众次于卿的众大夫,师氏为掌管守门兵卫的大夫,千夫长为师帅,百夫长为卒帅。④ 第三,来自庸、蜀、羌、髳、微、卢、彭、濮等部落组成的盟国军队,也就是所谓的西戎八国。从位置上来看,这些国家大约位于当时周朝首都丰(镐)的西部以及南部,其地域包括今天的湖北、四川、重庆、甘肃、陕西等地⑤;从性质上来看,它

---

① 如《战国策·楚策》张仪云秦国"虎贲之士百余万",当是取其第一义。范祥雍:《战国策笺证》,上海古籍出版社 2006 年版,第 793 页。
② 参见孔安国注,孔颖达疏:《尚书正义》,《十三经注疏》(1),阮元编,(台)艺文印书馆 2013 年版。
③ 这里所言的"友邦冢君"一般多理解为友好盟邦之君,本文则采信沈长云的讲法,将其理解为兄弟或同姓宗邦之君。沈长云:《〈书·牧誓〉友邦冢君释义——兼说西周宗法社会中的善兄弟原则》,《人文杂志》1986 年第 3 期。
④ 孔安国注,孔颖达疏:《尚书正义》,《十三经注疏》(1),阮元编,(台)艺文印书馆 2013 年版,第 158 页。
⑤ "据《地理今释》,庸在今湖北竹山县、蜀在今四川成都市,羌在今陕西、甘肃以西,南接蜀汉塞外之地,髳、微在今重庆市,卢在今湖北南漳县,彭在今四川彭山县,濮在今湖北石首县。"引自郭仁成:《尚书今古文全璧》,岳麓书社 2006 年版,第 155 页。

们并非周朝的本姓宗亲，而是属于外族，是周朝在不断扩张的过程中所缔结的盟邦，亦可称为周的附属国。

这里值得一提的是西戎八国（《竹书纪年》称其为"西夷诸侯"）。以往有学人认为牧野之战中的虎贲应当来自西戎八国中的彭，因为彭地处巴蜀，而巴蜀之地上古素有虎之崇拜。[1] 这一说法固然有一定道理，不过若究之于虎贲来源，同样属于西戎八国的羌的可能性似乎更大。首先，上古虎之崇拜并不仅限于巴蜀，在羌族的文化中，虎同样占有很重要的位置，而周人作为"西土之人"，必然多受羌族文化影响。其次，羌与姜为同词一音之转，而姜姓与羌族又素有渊源[2]。我们知道，周代宗族建立在姬姜同盟的基础上，姬姓与姜姓世代联姻，在一定程度上可以视为一个整体，这也决定了周人的文化中必然会含有羌族的成分。因此，虎贲之来源不一定非要落实到巴蜀之彭，在周人自身的族群特点中亦可以找到其合理的来源。从周代设立常规的虎贲之官来看，这一制度更有可能来自其自身的传统，而非某种外来因素的突然介入。当然，无论是彭还是羌，在商周时代大致都属于西土，这也就意味着，不管作为军制还是官制，虎贲都非殷商时代固有的中原文化，而是属于西周首创。

另外，从参加战役的队伍来看，这样一种军队配置不仅标示出伐商队伍的成员构成和周人当时的势力范围。实际上，从中我们也可以看到即将建立的周王朝的一些新的特点。一方面，作为伐商主体，"友邦冢君"的出现意味着周人的基本构成仍然是以血缘亲族为核心，这一点无疑是对殷商氏族制度的承袭（尽管周人后来发展出了更为独特的宗族制度）；另一方面，"商人的政治势力，仍以'姓'为国家的基础，其中再分出若干氏或族。在这个基础上，周人如仍以'姓'为基础，其文化水平只是商的附属，人数又不多，周人势难在胜利之后建立长期稳定的政权。"[3]这就意味着周人必须寻求一种不同于殷商的政治模式，而从武王的誓词中我们或许也可以就此看出一丝端倪。我们知道，周人发展的历史是一条迁徙和征战的历史，从后稷草创到公刘迁豳，从古公迁岐再到文王迁丰，数百年迁徙和扩展经营让周人在血缘亲族之外形成了一种地域结盟型的族群关系，在这种新的族群关系下，传统的基于血缘亲情的宗族集团保证王朝统治和宗族血脉的稳定延续，而根据地域远近形成的结盟关系则不但大大加强了王朝的疆域，而且形成了更具黏性的统治秩序，从而形构出一种"血缘与地缘"相结合的政治模式（这一模式在周人灭商后分封诸侯的过程中得到了更好的体现）。即将取代殷商的周王朝

① 伏元杰：《武王伐纣之彭国考》，《成都大学学报》(社科版)1996年第1期。
② 关于周人与羌族的关系可参考许倬云：《西周史》，生活·读书·新知三联书店2018年版，第168—170页。
③ 许倬云：《西周史》，生活·读书·新知三联书店2018年版，第128页。

将是一个在继承前者基础上的新的国家,它已经有了极为坚实的政治实力,而这种实力恰恰就来自于其强大的地缘整合能力。

《牧誓》中提到的西戎八国大都属于西南地区的一些当时所谓的夷狄部落,周人在实力不断强大的过程中,并没有去消灭这些部落,而是在征服中与他们形成了结盟关系。何以周人能率领这些部落一起伐商呢?一般的说法是,商纣昏庸无道,故天下诸侯皆拥戴武王伐商。而透过武王的誓词,我们还可以看到的是:在"牧誓"之前,周人实际已经征服了西南地区大部分的族群和部落(所谓"三分天下有其二"),并在征服的过程中与后者形成了牢固的结盟关系,从而逐渐形成了"血缘与地缘"相结合的全新的政治模式。当然,这样一种政治模式要等到春秋时代才得以最终形成。然而,从《牧誓》的誓词来看,或许它正是奠基于西周早期的政治实践。

两汉经学三题[①]

任蜜林[②]

两汉经学是中国经学史发展的重要阶段,其不但使得经学成为古代社会的指导思想,而且为日后中国经学的发展奠定了基础。就现有研究来看,两汉经学的研究仍存在很多未能解决的问题。下面就两汉经学与先秦经学、古文经学与今文经学、齐学与鲁学等问题谈一些自己的看法。

一、两汉经学与先秦经学

从广义上讲,一切探讨与经相关问题的学问都可以称作经学。从其思想特征来看,中国经学大体经历了先秦经学、汉唐经学、宋明经学、清代经学以及近现代经学等阶段。每个阶段都有自己独特的发展线索和思想面貌。就思想关系来看,两汉经学与先秦经学的关系最为密切,那么二者有着何种不同呢?从思想特征来看,两汉经学与先秦经学至少存在以下几个方面的不同:

其一,两汉经学为官方经学,先秦经学则为非官方经学。所谓官方经学是指立于学官,成为指导政治意识形态的经学。孔子之前,六经已经形成。当时六经为王官之学,掌在政府,民间不得而见。章学诚说:"六经皆史,古人不著书,古人未尝离事而言理,六经皆先王之政典也。"(《文史通义·易教上》)后来周代衰落,天王失权,王官散落民间,学在四方,诸子峰起,于是有诸子百家之学的兴起。然诸子之学实皆出于六经。"战国之文,奇邪错出,而裂于道,人知之,其源皆出于六艺,人不知之。"(《文史通义·诗教上》)正因如此,当时六经并不为某家某派所独有,故除了儒家外,墨、法、杂等诸家皆受到六经之影响,皆引六经以为己说之根据。墨子于《诗》于《书》,屡有称引;其于《春秋》,则别以国名,如"周之《春秋》"、"燕之《春秋》"、"宋之《春秋》"、"齐之《春秋》"等,不一而足。可证当时《春秋》不为鲁国所专有,其余各国皆有其本国之《春

① 本文系国家社科基金青年项目"两汉经学的演变逻辑研究"(14CZX026)的阶段性成果。
② 作者系中国社会科学院哲学研究所研究员,哲学博士。

秋》,故孟子曰:"晋之《乘》,楚之《梼杌》,鲁之《春秋》,一也。"(《离娄下》)六经之名始出《庄子》,其于《春秋》则曰"《春秋》经世先王之志,圣人议而不辨"(《齐物论》)。韩非子之学出自荀子,而后又背师而为法家,然其于经学亦有称说:"上古之传言,《春秋》所记,犯法为逆以成大奸者,未尝不从尊贵之臣也。"(《备内》)"患之可除,在子夏之说《春秋》也。"(《外储说右上》)可见,六经在孔子删定之后,亦未成为儒家所独有的经典。到了汉代,这种情况就不同了。西汉文帝时,《诗》被立为博士。景帝时,《春秋》被立为博士。武帝时,又增立《书》、《礼》、《易》三经为博士,于是五经皆有博士。《汉书·儒林传》说:"武帝立五经博士,《书》惟有欧阳,《礼》后,《易》杨,《春秋》公羊而已。"至此,五经皆有官方指定的专人负责传授。博士之制,并非始于西汉,先秦已有之。然当时博士不传于六经,故秦朝有占梦博士,汉初有诸子传记博士。[①] 但武帝立五经博士之后,则博士即为专掌六经之官。先秦时期,六经虽为贵族教育之教材,但似未成为国家政治之意识形态,此为两汉经学与先秦经学在国家政治作用上之最大不同也。如春秋时楚庄王以士亹为太子师,士亹向申叔时请教,申叔时说:"教之《春秋》,而为之耸善而抑恶焉,以戒劝其心;教之《世》,而为之昭明德而废幽昏焉,以休惧其动;教之《诗》,而为之导广显德,以耀明其志;教之礼,使知上下之则;教之乐,以疏其秽而镇其浮;教之《令》,使访物官;教之《语》,使明其德,而知先王之务用明德于民也;教之《故志》,使知废兴者而戒惧焉;教之《训典》,使知族类,行比义焉。"(《国语·楚语上》)

其二,两汉经学为独尊之学,先秦经学则有多元化的特征。自汉武帝立五经博士以后,各经皆有专人传授,如《诗》有申公、韩婴、辕固,《春秋》有胡毋生、董仲舒,《尚书》有欧阳生,《礼》有后苍,《易》有田王孙。汉宣帝时,增立《易》梁丘贺、《尚书》夏侯胜、夏侯建及《春秋穀梁传》博士。汉元帝时,增立京氏《易》博士。汉平帝时,增立《左氏春秋》、《毛诗》、逸《礼》、古文《尚书》博士。立于学官的经学博士为官方所认定,有着无上权威。而未被立于学官的经学则为民间经学,它们不被官方所认可,也千方百计试图让自己立于学官。先秦经学则无此情况。六经自从王官之学散为百家之学,则为诸子百家共同之来源。因此,即使经过孔子删定之后,六经仍为其他各家各派立说之根据,故有墨家之经学、法家之经学、杂家之经学。他们或正说或反说,或赞同或反对,皆以经学为其学说之资源也。

其三,两汉经学有其较为清晰的传承谱系,先秦经学的传承谱系则不甚清晰。据史书记载,诸经的传承皆从汉初叙起。如《史记·儒林列传》说:"言《诗》于鲁则申培公,于齐则辕固生,于燕则韩太傅。言《尚书》自济南伏生。言《礼》自鲁高堂生。言《易》

---

① 钱穆:《两汉经学今古文平议》,商务印书馆 2001 年版,第 191 页。

自菑川田生。言《春秋》于齐鲁自胡毋生,于赵自董仲舒。"至于汉初之前的传承,除了易学外,二书则付诸阙如。出现这种情况可能因为史料缺失,也可能因为诸经在先秦大多并未有清晰的传承。对于易学自孔子以后一线单传的情况,学者也多有质疑。对于先秦经学的传承,后人虽有研究,但大多都是推测之言,如对于子夏、孟子、荀子等传经情况的探讨。而汉代的经学传承,史书则有着清晰的记载。如汉代易学始于田何,然后传王同、周王孙、丁宽、齐服生,王同传杨何,丁宽传田王孙,田王孙传施雠、孟喜、梁丘贺,然后施、孟、梁丘又有各自的传承。汉代尚书学始于伏生,伏生传张生、欧阳生,欧阳生传倪宽,倪宽传欧阳生子,欧阳生子又世传其学。其余各经也是如此。汉代的经学在传承过程中,还形成了各自的学派,于是又有了所谓的师法、家法问题。皮锡瑞说:"前汉重师法,后汉重家法。先有师法,而后能成一家之言。师法者,溯其源;家法者,衍其流也。师法、家法所以分者,如《易》有施、孟、梁丘之学,是师法;施家有张、彭之学,孟有翟、孟、白之学,梁丘有士孙、邓、衡之学,是家法。家法从师法分处,而施、孟、梁丘之师法又从田王孙一师分出者也。"①有了师法、家法,各经各派就要遵守。如《汉书·魏相传》说:"相明《易经》,有师法。"《翼奉传》说:"奉对曰:师法用辰不用日。"《张禹传》说:"(萧)望之善焉,奏禹经学精习,有师法,可试事。"《后汉书·鲁恭传》说:"其后拜为鲁《诗》博士,由是家法学者日盛。"《杨厚传》说:"(杨)统作家法章句及内谶二卷解说。"如果背弃师法、家法,就会受到鄙弃、斥责。如《汉书·儒林传》说:"博士缺,众人荐喜。上闻喜改师法,遂不用喜。"《王莽传下》说:"国师公嘉信公颠倒五经,毁师法,令学士疑惑。"《后汉书·徐防传》说:"伏见太学试博士弟子,皆以意说,不修家法,私相容隐,开生奸路。"与此相比,先秦经学由于没有清晰的传承,因此也就无所谓师法、家法问题。

其四,两汉经学有其专门解说、阐释经学的著作,先秦经学的此类著作则相对较少。自汉武帝立五经博士后,经学独尊,诸经皆有专人教授、传承。在此过程中,经师为了解说、阐释经义也撰写了很多专门著作。从体裁上看,有传、记、说、故、章句等著述形式。皮锡瑞说:"孔子所定谓之经;弟子所释谓之传,或谓之记;弟子展转相授谓之说"。② 皮锡瑞出于今文经学的立场,对经、传、记、说作了解释。其实在先秦,除了《易传》《公羊传》《穀梁传》《左传》等少数几部著作,③很少有专门阐释经的传、记、说等著述。而汉代此类著作则不胜枚举。如《易》有"《易传》周氏二篇"、"服氏二篇"、"杨氏二篇"、"蔡公二篇"等,《尚书》有"《传》四十一篇"、"《欧阳章句》三十一卷"、"大、小《夏侯解

---

① 皮锡瑞:《经学历史》,中华书局2008年版,第136页。
② 皮锡瑞:《经学历史》,中华书局2008年版,第67页。
③ 这几种解释经的"传"在汉代也是被当作经看待的,因此,可以不论。

故》二十九篇"、"《欧阳说义》二篇"、"刘向《五行传记》十一卷"等,《诗》有"《鲁故》二十五卷"、"《鲁说》二十八卷"、"《齐后氏故》二十卷"、"《齐杂记》十八卷"、"《韩故》三十六卷"、"《韩内传》四卷"等,《礼》有"《记》百三十一篇"、"《中庸说》二篇"、"《周官传》四篇"等,《春秋》有"《邹氏传》十一卷"、"《左氏微》二篇"、"《公羊杂记》八十三篇"、"《公羊颜氏记》十一篇"等。除了传、记、说、故、章句等外,汉代还有一种解释经书的著作,即纬书。经的本义为织布的纵丝,与此相对的是纬,即织布的横丝。在汉儒看来,有经就应有纬。于是六经皆有相应的纬书,如《周易》有《易纬》、《春秋》有《春秋纬》、《诗经》有《诗纬》、《尚书》有《尚书纬》等。可以看出,无论种类还是数量上,汉代对于经书解说的著作都是非常繁多的。这表明经学在当时已经成为专门的学问。而这种情况是在先秦时期所不能看到的。

以上几个方面是两汉经学与先秦经学的主要不同之处。这也说明两汉经学虽然源自先秦,但在经学发展、思想内容、表现形式等方面都有着自己独有的特征。

二、今文经学与古文经学

上面谈了两汉经学与先秦经学的不同,我们现在来看今文经学与古文经学的关系。今文经学与古文经学的关系是两汉经学乃至整个中国经学史上的重要问题之一。其源于西汉末年刘歆对于古文经学的争立,但真正把二者严格对立起来则始于清代今文经学的兴起。

对于清代今文经学的古文经学批判,章太炎说:"自刘申受、宋于庭、魏默深、龚瑶人辈诋斥古文,学者更相放效,而近世井研廖季平始有专书,以发挥其义。"[①]《春秋左传》是刘歆争立古文经学的核心经典,故清代今文经学最先对其进行攻击。刘逢禄认为《左传》并非是为了解释《春秋》。在他看来,《左氏春秋》就如同《晏子春秋》、《吕氏春秋》一样,《左氏春秋》是其本名,而《春秋左氏传》则是东汉以后的误传。这就否认了《左氏春秋》与《春秋》经的关系,因此,在当时并没有所谓的古文经,其都出于刘歆的伪造。在刘逢禄的基础上,魏源的《诗古微》、《书古微》分别对《毛诗》和东晋晚出的《古文尚书》以及马融、郑玄之古文说作了怀疑,认为他们皆是后世伪作。邵懿辰的《礼经通论》则对古文《逸礼》作了批驳,认为其是刘歆伪作。这样刘歆所争立古文经学的《春秋左氏传》、《毛诗》、《逸礼》《古文尚书》四经的真伪都遭到了怀疑。在这种情况下,古文经学也就没有了正当性。刘逢禄等人所针对的都是具体的经书,尚未触及古文

---

① 章太炎等:《中国近三百年学术史论》,上海古籍出版社 2006 年版,第 50 页。

经学的整体性,这一任务是由廖平完成的。廖平以许慎的《五经异义》为依据,从制度上对今古文作了系统的划分。在他看来,今古文经学区分的核心在于礼制,"今、古之分,鲁笃守《王制》,于今学为纯。古学全用《周礼》,于古为纯"。① 今文经学与古文经学之间有着严格的师法,二者不相出入,今文经学同于今文经学,古文经学同于古文经学。对于廖平的看法,章太炎提出了质疑:"廖氏谓今文重师承,古文重训诂。惟重师承,故不能自为歧说;推重训诂,故可以由己衍解,是亦大误。大小夏侯,同出兒宽,而彼此相非。王式《鲁诗》,江公《穀梁》,皆近本申公,而丑诋狗曲。"②在章太炎看来,今文经学内部并没有统一的师说,否则就不会形成各经内部的相互争论,也就不会有官方的十四博士了。钱穆亦认为,今古文经学的区分起于晚清今文经学的门户之见。其说:"盖今古文之分,本出晚清今文学者门户之偏见,彼辈主张今文,遂为今文诸经建立门户,而排斥古文诸经于此门户之外。而主张古文诸经者,亦即以今文学家之门户为门户,而不过入主出奴之意见之相异而已。"③

从上可知,今古文经学的严格对立并非西汉经学的固有问题,而是晚清今文经学为了对抗古文经学所建构出来的门户之见。但我们不能由此否认两汉时期存在着今文经学和古文经学的分别。古文经学是由刘歆最先提倡的,史书对此有着明确的记载。《汉书·楚元王传》说:"宣帝时,诏向受《穀梁春秋》,十余年,大明习。及歆校秘书,见古文《春秋左氏传》,歆大好之。……歆以为左丘明好恶与圣人同,亲见父子,而公羊、穀梁在七十子后,传闻之与亲见之,其详略不同。歆数以难向,向不能非间也,然犹自持其《穀梁》义。"刘向、刘歆父子因在秘府校书而有机会见到很多先秦古书。在此过程中,刘歆看到了《春秋左氏传》而大好之。在刘歆看来,与公羊子、穀梁子相比,左丘明与孔子的关系更为密切,因此其所说要比其他二人可靠。对于刘歆的说法,刘向并没办法进行驳难。从现有材料来看,刘向是见到过《春秋左氏传》的,因为其《新序》、《说苑》等书中用到过《春秋左氏传》的材料。可见,以《春秋左氏传》为刘歆伪造的说法显然不能成立。刘歆以此为基础,进一步争立《春秋左氏传》、《毛诗》、《逸礼》、《古文尚书》于学官。在刘歆看来,这四经都出自鲁恭王的孔子壁中,因为他们都是用先秦六国文字写的,因此称作"古文"。

在《史记》中,司马迁屡屡提及"古文",如:"至长老皆各往往称黄帝、尧、舜之处,风教固殊焉,总之不离古文者近是。予观《春秋》《国语》,其发明五帝德、帝系姓章矣"(《五帝本纪》)、"余读《春秋》古文,乃知中国之虞与荆蛮句吴兄弟也"(《吴太伯世

---

① 廖平:《今古学考》,《廖平全集》(1),上海古籍出版社 2015 年版,第 29 页。
② 章太炎等:《中国近三百年学术史论》,上海古籍出版社 2006 年版,第 55 页。
③ 钱穆:《两汉经学今古文平议》,商务印书馆 2001 年版,第 6 页。

家》）、"学者多称七十子之徒，誉者或过其实，毁者或损其真，钧之未睹厥容貌，则论言弟子籍，出孔氏古文近是。"（《仲尼弟子列传》）对于这里的"古文"，王国维认为指先秦六国文字写成的书，"六艺之书行于齐、鲁、爰及赵、魏，而罕见布于秦，其书皆以东方文字书之。汉人以其用以书六艺，谓之古文。而秦人所罢之文，与所焚之书，皆此种文字。是六国文字即古文也。""凡先秦六国遗书非当时写本者，皆谓之'古文'。"①钱穆则认为指《六艺》，"《史记》常以《诗》、《书》古文连言，皆当如此说。古文即《诗》、《书》，即《六艺》也。"②二者以王说为长。因为"古文"在当时除了与《诗》、《书》连用外，还与"旧书"并称。经过秦朝焚书，先秦很多典籍遭到亡佚，后来政府广开献书之路，民间的很多书籍被征集起来，河间献王所得献书就是最著名的例子。除了民间献书外，先秦古籍还得自于出土文献，如鲁恭王坏孔子宅所得。这些先秦文献后来藏入秘府，世人莫得而见，后来刘向歆父子校书方睹其貌，故《汉书·艺文志》有"刘向以中古文校某经"的说法。

应该来说，今古文经学的差别起始在于文字的不同，后来逐渐演变为义理的不同。皮锡瑞说："两汉经学有今古文之分。今古文所以分，其先由于文字之异。今文者，今所谓隶书，世所传熹平石经，及孔庙等处汉碑是也。古文者，今所谓籀书，世所传岐阳石鼓及《说文》所载古文是也。隶书，汉世通行，故当时谓之今文；犹今人之于楷书，人人尽识者也。籀书，汉世已不通行，故当时谓之古文；犹今人之于篆、隶，不能人人尽识者也。……孔氏与伏生所藏书，亦必是古文。汉初发藏以授生徒，必改为通行之今文，乃便学者诵习。故汉立博士十四，皆今文家。而当古文未兴之前，未尝立今文之名。……许慎《五经异义》有古《尚书》说、今《尚书》夏侯欧阳说，古《毛诗》说、今《诗》韩鲁说，古《周礼》说、今《礼》戴说，古《春秋》左氏说、今《春秋》公羊说，古《孝经》说、今《孝经》说，皆分别言之，非惟文字不同，而说解亦异也。"③如果仅仅是文字古今的不同，那么就不能产生今古文的问题。因为文字从古字改为今字，并不能造成义理上的不同。这样看来，文字的不同仅仅是造成今古文经学差别的表面原因，其背后的义理才是造成二者不同的根本原因。刘歆当时争立古文经学的一个根本原因并不是基于二者文字的差异而在于今文经学"不思废绝之阙，苟因陋就寡，分文析字，烦言碎辞，学者罢老且不能究其一艺。信口说而背传记，是末师而非往古，至于国家将有大事，若立辟雍、封禅、巡狩之仪，则幽冥而莫知其原。"（《汉书·楚元王传》）

由于今古文经学在义理上有其差别，从而造成了二者在六经顺序、孔子与六经的关

---

① 王国维：《王国维全集》第8卷，浙江教育出版社2009年版，第197、198页。
② 钱穆：《两汉经学今古文平议》，商务印书馆2001年版，第204页。
③ 皮锡瑞：《经学历史》，中华书局2008年版，第87—88页。

系等问题上都有着不同看法。周予同说:"它们的不同,不仅在于所书写的字,而且字句有不同,篇章有不同,书籍有不同,书籍中的意义有大不同;因之,学统不同,宗派不同,对于古代制度以及人物批评各各不同;而且对于经书的中心人物,孔子,各具完全不同的观念。"今文经学以《诗》、《书》、《礼》、《乐》、《易》、《春秋》为序,古文经学则以《易》、《书》、《诗》、《礼》、《乐》、《春秋》为序。前者基于六经内容程度的深浅,后者则源于六经产生时代的早晚。今文经学以六经为孔子所作,故孔子为政治家、哲学家;古文经学则认为六经只不过经过了孔子的整理而已,故孔子为史学家。在廖平《今古学宗旨不同表》的基础上,周予同还列表从十三个方面对今古文经学的不同予以说明。①周予同对于今古文经学的区分有些虽然羼入了晚清今文经学的说法,但大体上还是可从的。

三、齐学与鲁学

今文经学与古文经学是两汉经学的整体分野。在今文经学内部,则有齐学、鲁学的划分。

齐学、鲁学的说法见于《汉书·儒林传》:"宣帝即位,闻卫太子好《穀梁春秋》,以问丞相韦贤、长信少府夏侯胜及侍中乐陵侯史高,皆鲁人也,言穀梁子本鲁学,公羊氏乃齐学也,宜兴《穀梁》。"这是在汉宣帝欲兴春秋穀梁学的情况下出现的。汉宣帝所询之人韦贤、夏侯胜、史高皆鲁人。对于韦贤,《汉书》说:"韦贤,字长孺,鲁国邹人也。……贤为人质朴少欲,笃志于学,兼通礼、《尚书》,以《诗》教授,号称邹鲁大儒。"(《韦贤传》)韦贤所传诸经是鲁学,其所传《诗》为《鲁诗》,《论语》为《鲁论语》。夏侯胜亦为鲁人,但其所传为齐学,"从始昌受《尚书》及《洪范五行传》,说灾异。"(《汉书·夏侯胜传》)史高的情况则不详。从韦贤、夏侯胜所传经学来看,齐学、鲁学的划分虽然缘于地域,但并非局限于地域。夏侯胜虽为鲁人但所传为齐学就是明证。蒙文通说:"齐、鲁治学,态度各殊,《公羊》、《穀梁》、《易》、《书》之学,在汉传之者非特齐鲁之士,盖以合于齐人旨趣者谓之齐学,合于鲁人旨趣者谓之鲁学,固不限于汉师之属齐、属鲁也。"②

那么何为齐学、鲁学的学术旨趣呢? 蒙文通认为,六经乃鲁人之学,而诸子为齐人之学。"就汉世言之,鲁学谨笃,齐学恢宏,风尚各殊者,正以鲁固儒学之正宗,而齐乃诸子所萃聚也。"③钱穆也有类似的说法:"齐学恢奇驳杂""好言阴阳灾异,推之人事";

---

① 朱维铮编校:《周予同经学史论》,上海人民出版社 2010 年版,第 1—6 页。
② 蒙文通:《经学抉原》,上海人民出版社 2006 年版,第 85 页。
③ 蒙文通:《经学抉原》,上海人民出版社 2006 年版,第 85 页。

鲁学则"纯谨笃守师说,不能驰骋见奇,趋时求合。"①齐鲁两国虽然相邻,但风气习俗截然不同。司马迁说:"齐带山海,……其俗宽缓阔达,而足智,好议论,地重,难动摇,怯于众斗,勇于持刺,故多劫人者,大国之风也。……而邹、鲁滨洙、泗,犹有周公遗风,俗好儒,备于礼,故其民龊龊。"(《史记·货殖列传》)班固说:"太公治齐,修道术,尊贤智,赏有功,故至今其土多好经术,矜功名,舒缓阔达而足智。""周兴,以少昊之虚曲阜封周公子伯禽为鲁侯,……是以其民好学,上礼义,重廉耻。"(《汉书·地理志下》)齐鲁之风俗皆源于其分封之初,姜太公治理齐国"举贤而上功",故其俗好智崇利;鲁国则受到周公"尊尊而亲亲"思想的影响,故其俗好礼重廉。孔子已经意识到齐鲁风俗的不同,故有"齐一变,至于鲁;鲁一变,至于道"(《论语·雍也》)的感叹。孔子之后,其弟子虽然散布各地,但以齐鲁为主。《史记·儒林列传》说:"自孔子卒后,七十子之徒散游诸侯,大者为师傅卿相,小者友教士大夫,或隐而不见。……后陵迟以至于始皇,天下并争于战国,儒术既绌焉,然齐鲁之间,学者独不废也。于威、宣之际,孟子、荀卿之列,咸遵夫子之业而润色之,以学显于当世。"到了秦始皇的时候,崇尚法家,儒家遭到批判,但其在齐鲁之地的传承仍然不绝如缕。到了汉初,刘邦围鲁,鲁地儒者仍旧诵习礼乐、弦歌不绝就是最好的说明。因此,汉初经学大多传授于齐鲁之地,从而形成了齐学、鲁学的不同学派。故《诗》有《齐诗》、《鲁诗》之分,《春秋》有《公羊》、《穀梁》两派,《论语》有《齐论》、《鲁论》之别。其余诸经,亦是如此。蒙文通说:"以石渠议十二博士言之,则《鲁诗》、大、小夏侯之《尚书》、后氏《礼》、梁丘氏《易》、穀梁《春秋》,此鲁学之党也。齐、韩《诗》、欧阳《尚书》、施氏、孟氏《易》、公羊《春秋》,此齐学之党也。"②

对于齐学、鲁学的起源,王葆玹认为齐学源于孟子,鲁学出自荀子。鲁学以《礼经》、《鲁诗》、《穀梁春秋》为主要经典,而其核心则在于礼学;齐学始则以《诗》、《书》为主要经典,终则以《春秋》公羊学为重点。③孟子对于《春秋》,多有言之。如其说:"孔子惧,作《春秋》。《春秋》,天子之事也"。是故孔子曰:"知我者其惟《春秋》乎!罪我者其惟《春秋》乎!"(《滕文公下》)"王者之迹熄而《诗》亡,《诗》亡然后《春秋》作。晋之《乘》,楚之《梼杌》,鲁之《春秋》,一也。其事则齐桓、晋文,其文则史。孔子曰:'其义则丘窃取之矣。'"(《离娄下》)三传之中,《公羊》于"义"最为重视,故《孟子》之说《春秋》即《公羊》一派。《公羊》杂入齐学。汉之《邹氏春秋》盖源自邹衍一派,而其所倡"大一统"与《公羊传》同,故"《公羊》之旨,浸淫于邹氏者多。"④邹衍与孟子之说亦有

---

① 钱穆:《两汉今古文经学平议》,商务印书馆 2001 年版,第 222 页。
② 蒙文通:《经学抉原》,上海人民出版社 2006 年版,第 85 页。
③ 王葆玹:《今古文经学新论》,中国社会科学出版社 1997 年版,第 65—77 页。
④ 蒙文通:《经学抉原》,上海人民出版社 2006 年版,第 86 页。

多相合者,故史迁附邹衍于孟子而论之。此盖汉之齐学多杂阴阳五行思想之原因也。荀子则三传兼取,不独取于《穀梁》,故其说不独为鲁之学风。然汉之鲁学由之而起则无疑问,如《鲁诗》、《穀梁春秋》皆传自鲁申公。《汉书·儒林传》说:"申公卒以《诗》《春秋》授,而瑕丘江公尽能传之,徒众最盛。""瑕丘江公受《穀梁春秋》及《诗》于鲁申公,传子至孙为博士。"申公之学则出于浮丘伯。浮丘伯者,荀子弟子也。荀子之学主礼仪,分天人,批怪异,故汉之鲁学多笃实纯谨。《汉书·艺文志》说:"鲁申公为《诗》训故,而齐辕固、燕韩生皆为之传。或取《春秋》,采杂说,咸非其本义。与不得已,鲁最为近之。"

从《诗经·郑风》看孔子的婚恋观

赵雅丽①

孔子编辑整理《诗经》,煞费苦心,几经删诗,从三千首中选定能够施于礼义,备于王道的三百首,对弟子进行"诗教"。② 其中,《国风·郑风》中收录了关于溱洧流域婚恋情感的诗歌二十一首,数量上居十五国风之首,从中可以管窥孔子的婚恋情感观及其"垂教立训"的"训教"宗旨。

春秋初年,王室衰微,礼崩乐坏,诸侯争霸。而郑国,历经郑桓公、武公、庄公等,夺取了溱水、洧水流域。因地处交通要冲,交通便利,商旅聚集,财货丰盛,声色辐辏,情歌发达,婚恋观念亦相对开放。

孔子对这种"郑风"给予肯定,故《国风·郑风》中收录二十一首,用作对弟子进行诗教的教本。二十一篇分别是:《缁衣》、《将仲子》、《叔于田》、《大叔于田》、《清人》、《羔裘》、《遵大路》、《女曰鸡鸣》、《有女同车》、《山有扶苏》、《萚兮》、《狡童》、《褰裳》、《丰》、《东门之墠》、《风雨》、《子衿》、《扬之水》、《出其东门》、《野有蔓草》、《溱洧》。

从篇章次序与内容上看,孔子注重对君子淑女理想人格的培养,认为夫妻组建家庭,不离不弃、白头偕老,其品德基础是君子能够觅到淑女。对于青年男女邂逅相遇、一见钟情、忠贞不渝、情感专一,男思娶,女思嫁,孔子给予肯定与赞扬,认为是组建幸福家庭的感情基础。在孔子看来,好色、有情、有欲、有爱、求福、相思等都是民初自然之性的表现,不可否定或压抑,要给予赞美、肯定。通过对女子忠贞、男子专一情感的赞美,把这种情感引向实现和谐家庭与幸福婚姻的美好境界。

一、注重对淑女与君子的品格培养

孔子注重淑女君子的品德修养,视之为婚姻幸福、和谐、长久的道德基础。

---

① 作者系北京社会科学院历史所副研究员,史学博士。
② 1994年上海博物馆从香港文物市场购得一千二百余枚战国楚竹书,中有《孔子诗论》,总计评诗六十篇左右。从中可以了解孔子对《诗经》的认知、理解、情感、评价。马承源主编:《上海博物馆藏战国楚竹书(一)》,上海古籍出版社2001年版。

《郑风》首篇收录《缁衣》，通过女主人公之口来强调淑女贤德的重要性。诗曰："缁衣之宜兮，敝予又改为兮！适子之馆兮，还予授子之粲兮！缁衣之好兮，敝予又改为兮！适子之馆兮，还予授子之粲兮！"妻子看重丈夫的品行而敬他爱他，丈夫身上的黑色官服虽然破旧，在她眼中却是那么合身，那么好看；她督促丈夫以国事为重，先去办理公务，回来后她会把"敝衣"改做成一件"粲衣"。妻子敬爱丈夫，简朴、端庄、勤劳，以此贤德辅助丈夫，丈夫必会成为邦之栋梁。孔子将此诗列为《郑风》首篇，其深意在于：强调婚姻家庭中妻子以贤德辅助丈夫的重要性，突出贤妻在君子治国齐家中的重要性。

从《郑风》第二至第六篇，孔子用连续五篇内容来阐释淑女、君子应具备的品德。第二篇《将仲子》诗曰："将仲子兮，无逾我里，无折我树杞。岂敢爱之！畏我父母。仲可怀也，父母之言，亦可畏也；诸兄之言，亦可畏也。人之多言，亦可畏也。"诗文描写姑娘爱上仲子，希望见面，又担心"人言可畏"，故而反复告诫心爱之人前来约会时不要损坏杞树、桑树、檀树，以免惊动父母、诸兄及邻人。对来自家庭、宗族和社会的舆论的畏惧，表明姑娘顾及道德、风俗，并能约束自己行为，是有德之人。因此，孔子在《诗论》第十七号简文中，给出这样的评论："（将）仲之言，不可不韦（畏）也"。在孔子看来，好色、求福、有爱、有恶等，皆为民初自然之性，不可否定、压抑，可以通过利用、引导，通过一定的约束，使之行为合于礼。本诗中借助女主人公之口表达出对心爱之人的告诫，对人言舆论的畏惧，就可以起到对女子进行道德教化的作用。

第三篇《叔于田》云："叔于田，巷无居人。岂无居人，不如叔也。洵美且仁……洵美且好……洵美且武。"第四篇《大叔于田》云："大叔于田，乘乘马。执辔如组，两骖如舞。"①第五篇《清人》云："清人在彭，驷介旁旁。二矛重英，河上乎翱翔……左旋右抽，中军作好。"第六篇《羔裘》云："羔裘如濡，洵直且侯。彼其之子，舍命不渝……彼其之子，邦之司直……彼其之子，邦之彦兮。"从第三至第六篇，女主人公大胆热烈地表达对男子的爱慕与赞美：在姑娘心目中，所有的人都不如他外貌英武潇洒（骑着骏马、手握长矛、驰骋疆场），也没有人能赶上他，因为他还具备美、仁、好、武、操守正直、一心为公的品德！这样的反衬手法，突出的是男子应具备的令人羡慕的品德。

孔子收录上述诸诗，意在强调，女子要修身成为淑女，而男子也要修身成为君子。只有修身成为君子淑女，方能齐家治国。孔子的这个观点，是有着反面教材为佐证的，这就是《左传·隐公元年（公元前722年）》所记载的"郑伯克段于鄢"的故事，讲的是郑庄公用阴谋驱杀乃弟共叔段的故事，而兄弟相残的根源在于身为母亲的武姜对于庄公与公叔段兄弟超出常理的偏爱。从修身而言，武姜不可谓良母，更不可谓淑女，然而郑

---

① 《孔子诗论》对于有"《大田》之卒章，知言而有礼"之评语。

庄公、公叔段亦不可谓兄弟，不可谓君臣，更不可谓君子。如果武姜贤德持家，对待兄弟一视同仁，则家庭不会兄弟相残，国家也不会发生动乱。如果公叔段确实仁、武、美、好，则会遵从长幼有序之道，会是一个操守正直的君子，同样，对于身为兄长的郑庄公，如果确实仁、武、美、好，则不会采取"助长其恶来铲除异己"的手段，会是一个恪尽兄长之道、一心为公的贤明君主。公叔段如果能够操守正直、郑庄公如果能够一心为公，即便是武姜不够贤德，也不会兄弟相残，父母反目，君臣背叛，不致使兄弟、父母、君臣之礼崩溃。孔子以此对弟子进行诗教，意在强调淑女、君子人格修养，是择偶的重要标准，也是家庭、婚姻和谐的重要保障。

《郑风》第七、第八篇中，通过女子之口表达了夫妻不离不弃，白头偕老的愿望。第七篇《遵大路》诗曰："遵大路兮，掺执子之祛兮。无我恶兮，不寁故也。遵大路兮，掺执子之手兮。无我丑兮，不寁好也。"夫妻或恋人分离之际，"执子之祛、执子之手"，依依不舍，无比眷恋，声声叮咛，句句嘱托，恩爱缠绵。第八篇《女曰鸡鸣》诗曰："女曰鸡鸣，士曰昧旦。子兴视夜，明星有灿。"天明时，妻子叫丈夫起床打猎，女子接下来告诉丈夫，等他打回猎物，自己把它们烹制成美味佳肴，举杯相约白头偕老："弋言加之，与子宜之。宜言饮酒，与子偕老。琴瑟在御，莫不静好。"女子鸡鸣即起，鸡鸣、夜、星，烘托了女子的勤劳；琴瑟，体现了女子的温柔娴熟；酒，昭示着殷实富足的生活；与子偕老，表达了对婚姻家庭生活的美好期许。孔子选此诗入经，传授弟子，正是看中诗所描绘的夫妻携手相伴的美好景象，以此提升人们对美好和谐婚姻生活的追求。

二、肯定和赞扬男女恋爱的各种情感

如前所述，孔子强调君子、淑女修养，视之为构建和谐幸福长久婚姻的品德因素。而从《郑风》第九至二十篇看，孔子对青年男女在恋爱过程中的各种情感、欲望和追求，给予肯定和赞扬，视之为构建和谐幸福长久婚姻的情感基础。他认为好色、求福、有爱、有恶等民初自然之性，不可否定、压抑，可以通过利用、引导，使之行为合于礼。

《郑风》第九至十七、十九、二十篇，描绘了恋爱中的各种情感，从偶遇时的爱慕、一见钟情，到一起出游过程中的喜悦与甜美，到约会等待中的期盼、焦虑、嗔怪、心绪不宁，到离别后的情深思念与忠贞不渝，再到重逢后的喜悦与浓情。随着等待、约会、分离、重逢，感情日深，一日不见如隔三秋，男子思娶，女子思嫁，建立家庭的感情基础已然成熟，试看各诗。

第九篇《有女同车》诗曰："有女同车，颜如舜华。将翱将翔，佩玉琼琚。彼美孟姜，洵美且都。有女同行，颜如舜英。将翱将翔，佩玉将将。彼美孟姜，德音不忘。"追求品德和容貌双全之淑女,是男子择偶的共同标准和心理。诗文中,男主人公毫不吝啬地表达了对心仪女子品貌的赞美以及与之同车出行时的喜悦。男了的赞美、喜悦、相思,是"见其人之美,思其人之德",既喜欢女子音容笑貌,也爱慕女子的"德音",毫无轻狂之意,孔子称之为"思无邪"。通过男子对女子的赞美、喜悦与思慕,反衬出对女子之德的修养要求。

第十篇《山有扶苏》诗曰:"山有扶苏,隰有荷华。不见子都,乃见狂且。山有乔松,隰有游龙。不见子充,乃见狡童。"女主人公大胆泼辣,她久等不见心上人,心生嗔怪,她的嗔怪之语,传递的是真思挚想。孔子采此诗入经,对诗中情人等待中的真实情感给予肯定,并以莲荷烘托男女间纯洁质朴的情感世界。

第十一篇《萚兮》诗曰:"萚兮萚兮,风其吹女。叔兮伯兮,倡予和女。萚兮萚兮,风其漂女。叔兮伯兮,倡予要女。"女子等待约会过程中,对心爱之人产生了强烈的情愿心随的幸福情感。

第十二篇《狡童》诗曰:"彼狡童兮,不与我言兮,维子之故,使我不能餐兮。彼狡童兮,不与我食兮,维子之故,使我不能息兮。"女子见不到自己心爱之人,寝食难安,称自己的恋人为狡童,娇嗔中满含爱意、期盼。

第十三篇《褰裳》诗曰:"子惠思我,褰裳涉溱。子不我思,岂无他人,狂童之狂也且。子惠思我,褰裳涉洧。子不我思,岂无他士,狂童之狂也且。"姑娘以故意的戏谑口吻表达自己对心上人的爱意和思念:你若想我,马上涉过溱洧之水来见我,难道除了你就没有人爱我? 你这个傻小子! 姑娘性格顽皮、泼辣,情感直爽、炽烈,语气充满娇嗔、自信、健康、积极。对这种恋爱中女子的炽热情感,孔子在上博简《孔子诗论》第二十九简中给出了"《涉溱》其绝"的评论。有学者认为"其绝,诗中女主人公似有绝情分手之意。"①从上博简《孔子诗论》所见,孔子对诗的评价,提到诗名者不多,②而《郑风》就占了三篇。孔子十分重视对男女专一情感的教化,若此诗中女子见不到恋人就要绝情分手,如此绝情女子,有违孔子编诗垂教立训的宗旨,断然不会收入《诗》并作为教本。而从《郑风》编连结构及内容看,姑娘恰是以故意、戏谑、嗔怪的口吻来表达自己对心上人的爱意和思念,绝非真心分手。

接下来的第十四篇《丰》,可以佐证上面观点。《丰》诗曰:"子之丰兮,俟我乎巷兮,

① 陈桐生:《〈孔子诗论〉研究》,中华书局2004年版,第272页。
② "在《诗》三百篇中,《诗论》提及名称而加以评析,并不太多。所评论的诗作,都是孔子比较重视,而又能反映一些重要问题者。这些诗作往往能够与孔子的诗学、仁学、礼学等方面的思想吻合,所以才被提及而论之,亦成为孔门弟子研诗的重点所在。"——师晁福林:《上博简〈诗论〉与〈诗·郑风·将仲子〉的几个问题》,《南都学坛》2004年第11期。

悔予不送兮。子之昌兮，俟我乎堂兮，悔予不将息。衣锦褧衣，裳锦褧裳。叔兮伯兮，驾予与行。裳锦褧裳，衣锦褧衣。叔兮伯兮，驾予与归。"诗文表达的是，姑娘后悔拒绝恋人，现在想要穿上新衣嫁给爱人，建立自己的家庭的急切愿望。

透过考察，可以发现孔子在第九到十四篇的顺序编排上，有着一定的规律性：第九、十、十二、十三篇表达了恋爱中见面的喜悦、赞美、约会、等待过程中的期待、渴盼、焦虑、嗔怪、心绪不宁、寝食难安，相思情感日渐加强，而第十一、第十四篇则穿插在每两篇之间，表达了女子对恋人情愿相随、急切欲嫁的心情，由相思发展成对建立自己美好家庭的憧憬与期盼。

恋人远行，女子思恋之情愈发深切，我们看第十五篇《东门之墠》："东门之墠，茹藘在阪。其室则迩，其人则远。东门之栗，有践家室。岂不尔思？子不我即。"女子看到昔日东门茅蒐丛生的约会之地，看到恋人之家，睹物思人，离别之苦，思念之苦，跃然呈现。从诗文可见，女子对心爱之人是"思而不迁"的，情感是忠贞不渝的。孔子收录此诗入经并作为教本，意在表明，这种男女离别之"思"，是"无邪之思"，是自然之性，是合于礼的。

经过漫长的风雨之夜的等待，鸡鸣天亮时，姑娘终于见到久别恋人，心里那种怡悦、欢喜之情，充溢在第十六篇《风雨》诗文间："风雨凄凄，鸡鸣喈喈。既见君子，云胡不夷？风雨潇潇，鸡鸣胶胶。既见君子，云胡不瘳？风雨如晦，鸡鸣不已。既见君子，云胡不喜？"姑娘在风雨之时见到恋人，心病全消，三组"见君子"与"云胡不"连用，既流露敬爱真情，又不失淑女端庄。对这种"思君子"，孔子不带道德偏见，[1]符合他编诗垂教立训的宗旨，从第十七篇《子衿》可以看出这点，诗曰："青青子衿，悠悠我心。纵我不往，子宁不嗣音。青青子衿，悠悠我思。纵我不往，子宁不来。挑兮达兮，在城阙兮。一日不见，如三月兮！"一个痴情女子在思念恋人，悠悠我心、悠悠我思，日日相见，一日不见如隔三秋，渲染出的相思情感、离情别绪，美好炽烈、真挚深切，引发出多少热恋中女子的情感共鸣。

女子思君子，忠贞不渝，也得到了男子的回应。第十九篇和第二十篇以男子口吻表达出对女子的专一情感。第十九篇《出其东门》诗曰："出其东门，有女如云。虽则如云，匪我思存。"美女如云，但男子是"情人眼里出西施"，对钟情女子专一不二，这是最为可贵的品德，堪称君子！第二十篇《野有蔓草》诗云："野有蔓草，零露漙兮。有美一人，清扬婉兮。邂逅相遇，适我愿兮……邂逅相遇，与子皆臧。"男子与女子从邂逅相

---

① 宋代朱熹《诗集传》："风雨晦暝，盖淫奔之时。君子，指所期之男子也。淫奔之女，言当此之时，见所期之人 而心悦也。"朱熹用"淫奔"来看待男女之事，与孔子不同。

遇，一见钟情，终于找到"适我愿兮"、品貌双全之淑女，思其人之美，慕其人之德，希望与之共结美好姻缘，这种急切愿望与前述女子的心愿互相呼应起来。

透过考察发现，第十五篇到二十篇（第十八篇除外①）的顺序，是按照婚恋情感发展规律而编排：第十五、十六篇表达了恋人分离后的忠贞不渝及重逢后的喜悦；第十七、十九篇表达了男女一日不见如隔三秋、专一不二的情感；第二十篇表达了男女邂逅相遇而一见钟情，女子忠贞不渝，男子情感专一。可以说，男女邂逅、约会、离别、重逢，随着恋爱进程发展，感情日趋近密，女子思嫁，男子思娶，都希望"执子之手、与子偕老"，感情真挚、真切、真实，建立一个夫妻不离不弃、白头偕老的美满家庭的情感基础已然完备。

综上可见，孔子对青年男女在恋爱过程中的各种相思情感，不是无视或抹杀，而是给予尊重、肯定，通过利用和引导，通过对女子忠贞、男子专一情感的赞美，②把这种感情引向实现和谐家庭与幸福婚姻的美好境界，以此提升人们道德水准和审美情趣，实现社会教化的功能。

三、反纳于礼，改非礼之俗

《郑风》反映的是春秋时期郑国溱水洧水流域的民俗民风。《郑风》第二十一篇《溱洧》："溱与洧，方涣涣兮……维士与女，伊其相谑……士与女，殷其盈兮……洧之外，洵訏且乐。"郑国溱、洧等地民间有上巳节祓灾祈福、士女游春寻友习俗。早春三月，春光明媚，溱洧之水清澈纯洁，岸边桃花野艳绚丽，芍药兰草芬芳清香，"士与女"相会嬉戏，洋溢着青春萌动的快乐与喜悦，无拘无束，自由清纯。

这种开放自由的男女婚恋习俗，清新健康、率真热情、自由淳朴，在孔子看来，是顺

---

① 《郑风》第十八篇《扬之水》强调良母的重要性，强调妇女之贤德对情感的引导和礼仪的规范作用。女子贤，不仅是夫妇之道的关键，也是父母之道、兄弟之道的关键。母贤，则其爱子情深，不存偏颇，则兄弟和睦，长幼有序；若为君臣，则不忘兄友弟恭之道。在《孔子诗论》中孔子以"其爱妇愁（烈）"来评论此诗。"烈"，可指爱妇情感炽烈，也可读为戾，母亲爱子情感炽烈，但这种炽烈情感，如果没有礼的规范，则会产生偏私，会使兄弟之间相残，甚至践踏君臣之礼。孔子编诗的中心主旨始终是围绕君子齐家、治国的中心，始终强调女子贤德之重要，目的在于正父母、兄弟之道，以建立有礼有序的社会。但是，此诗虽能起到教化作用，却是建立在兄弟相残的历史基础上，虽可引以为戒，然终非礼之正者，始终是齐家、治国者所应禁忌和避免之事，所以孔子以此篇排在第十八，与首篇《缁衣》一正一反之呼应，从而实现其贤妻、良母的社会教化思想。

② 《孔子诗论》第十六简："《燕燕》之情，以其独也。"庞朴认为孔子此论"指的是其情专一不渝和不假修饰，出于至诚。"——《上博藏简零笺》，《上博馆藏战国楚竹书研究》，上海书店出版社2002年版，第234页。

应自然之时与自然之性的,是合乎人性与人情的,是合乎时代风尚与礼制的。① 孔子非常强调"时",强调男女适时嫁娶。而春暖花开之时,正是大自然万物藩生、欣欣向荣之始,男女相悦,则意味着男婚女嫁、家庭兴旺之际。因此诗中反映的男女互相追求合于时,合于自然,也合乎礼,应该尊重和张扬,唯如此,才能起到教化的作用。

在上博简《诗论》二十九号简中,孔子有"《涉溱》其绝"的评论。"涉溱"原作"涉秦","秦"为"溱"借字,马承源根据《郑风·褰裳》有"褰裳涉溱"诗句推断本句似指《褰裳》。结合《郑风》二十一首编连结构与内容,孔子"涉溱"之评当指《溱洧》而言。《溱洧》表现的是士与女涉过溱水与洧水来到溱洧交汇之地,游春寻友,聚会嬉戏,相悦相恋,适时嫁娶,建立家庭,这是一种极好的时代风尚与社会习俗,对此,孔子给予肯定与赞美。

因此,孔子对《郑风》中男女表达爱慕与思念之情的诗歌给予大量的收录,其深层含义在于:夫妻组建家庭,不离不弃、白头偕老,其品德基础是君子能够觅到淑女。而青年男女邂逅相遇、一见钟情、忠贞不渝、情感专一,男子思女子之德,女子慕男子之德,男思娶,女思嫁,是组建幸福家庭的感情基础。

孔子认为好色、有情、有欲、有爱、求福、相思等都是民初自然之性的表现,需要尊重与张扬。但同时,他主张"改"此自然之性。如何"改"?方法就是"反纳于礼",孔子在《诗论》中表达了这种主张:"《关雎》之改,《樛木》之时,《汉广》之知(智)、《鹊巢》之归、《甘棠》之保(报)、《绿衣》之思,《燕燕》之情,害(何)? 曰:童(钟)而皆贤于其初者也。《关雎》以色喻于礼……以琴瑟之悦(拟)好色之愿,以钟鼓之乐十四□□□好,反内于礼,不亦能改乎?"孔子既承认男女这种对好色之愿、求女之好的美好情感的表达,又主张"纳俗于礼",通过以琴瑟友之,以钟鼓乐之,把自然之性与男女之品德联系起来,将君子对色的追求寓于对礼的追求之中,此即"反纳于礼",以此实现改非礼之俗,行礼仪之教。孔子以《关雎》为《诗经》"风诗"的开篇,②而在《郑风》中又以《缁衣》为首篇,与《关雎》篇有异曲同工之妙。

孔子编诗,原则是"取可施于礼义"、能"备王道"者,以此垂教立训。从收录的《郑风》二十一首看,孔子注重对勤劳、忠贞不渝、柔顺丈夫的淑女贤德,对仁、武、美、好、舍命不渝、正直无私、一心为公的君子人格的培养,因此,对于女子表达的对君子的爱慕与

---

① 春秋时期,民间有"仲春会男女"及祭高禖习俗。《周礼·地官·媒氏》"中春之月,令会男女,于是时也,奔者不禁;若无故而不用令者罚之,司男女之无夫家者而会之。"《礼记·月令》"仲春之月……是月也,玄鸟至,至之日以大牢祠于高。"《仪礼》有"中春之月令会男女",提倡男女交会,"不用令者罚之"。

② 《诗经》开篇《周南·关雎》有"窈窕淑女,君子好逑",描绘了君子对淑女的痴情思慕和对美满婚姻的期许,情感专一炽烈,一往情深。

赞美,孔子给予肯定,并认为这些自然之性是合乎礼的。对于郑风所反映的溱洧流域浪漫野性、纯厚质朴、泼辣欢快、大胆率真、积极向上、健康奔放的文化因素,对于恋爱中男女相悦、适时嫁娶的各种美好浪漫、质朴纯洁的情感,孔子给予赞美,视之为建立和维系美好、和谐、幸福、长久婚姻生活的感情基础。这一切,构成了孔子婚恋观的基本内涵。①

---

① 宋代理学大师朱熹在《诗集传》(卷四)中认为:"郑卫之乐皆为淫声。然以诗考之,卫诗三十有九,而淫奔之诗才四之一;郑诗二十有一,而淫奔之诗已不啻七之五。卫犹为男悦女之词,而郑皆为女惑男之语……是则郑声之淫,有甚于卫也。"在理学家朱熹看来,郑诗主人公多为女性,多"女惑男之语",女子主动挑逗、诱惑男子,是有违封建礼教的。这一点,与孔子已然不同。

西洋精华

道德哲学的两个原则

尚新建[①]

在哲学史的研究中,有时会发生年代倒错的错误,即将现代人的观念或原则生搬硬套在古人身上,以为古人已经运用现代人的观念和原则思考问题,著书立说,从而曲解了古人的思想。事实上,我们现在的研究,出现更多的或许是反方向的年代错乱,即扬古抑今,以古代今,依照传统的观念和原则理解或规定现代人的思想。假如只不过是发思古之幽情,或者用旧瓶装新酒,为老祖宗脸上贴金,倒也无伤大雅。然而,倘若完全不顾时代的变迁,因袭旧套,抱残守缺,张冠李戴,其目的是闭关自守,拒绝进步,那么,这种年代错乱必将以假乱真,不仅影响我们对现代理论的正确理解,而且干扰我们对现代国情时局的正确分析,造成严重的思想混乱。不幸的是,这种错乱在目前国内政治文化领域的理论研究中屡见不鲜,甚至形成一种气候。本文的目的在于重申道德哲学研究的两个不同原则,借以澄清古代道德哲学与现代道德哲学之差异。

一

罗尔斯在《道德哲学史讲义》导论中明确指出,古典道德哲学与现代道德哲学[②]之间存在明显的差异:

> 古代人询问:抵达真正的幸福或至善,最合理的途径是什么? 而且他们探索:合乎德性的行为以及作为各方面品格的美德——勇敢和节制、智慧和正义,其本身即是善——如何与至善相关联,无论是作为手段,还是作为组成部分,或者同时兼具二者? 而现代人的首要问题,或者至少最初的问题则是:将什么看作正当理性的权威规定? 这些理性的规定产生了什么权利、责任和义务? 只有在此之后,他们才

[①] 作者简介:尚新建,北京大学哲学系、北京大学外国哲学研究所教授。

[②] 罗尔斯这里所说的"古典道德哲学",指古代希腊人的道德哲学,主要指雅典或生活在那里的哲学家的道德哲学;"现代(modern)道德哲学",指 1600 年至 1800 年这一时期的道德哲学。

将注意力转向这些规定允许我们去追求和珍视的善。①

通过不同的"首要"问题,不难看出二者具有截然不同的关注重点:古典道德哲学关注"幸福"或"善";现代道德哲学则更关心"理性的规定"。这意味着,道德哲学的核心概念发生变化。问题在于:为什么会有这种变化? 这种变化究竟意味着什么? 二者的区别是否实质的,抑或表面的、单纯语言的? 倘若是实质区别,其基础何在?

为了回答这些问题,必须追溯问题的源头。罗尔斯提出古今道德哲学之差异,是直接从西季威克《伦理学方法》引申出来的。他引用西季威克书中的一段话:

> 古代的伦理学争论与现代争论明显不同,其主要特征可以追溯到在表达关于行为的普通道德判断时,运用的是一个属概念[善],而非种概念[诸如正当性]。美德或正当行为通常[被古希腊人]仅仅视为善下面的一个种,因此……当我们努力将行为系统化时,首要问题便是……如何确定至善(the Good)下面的这个种与该属下面的其他种之间的关系。②

尽管西季威克这里表述的是古代伦理学的基本特征,不过,他试图通过与现代伦理学相比照而展示这种特征,因而,同时亦揭示了现代伦理学的基本特征。按照他的分析,二者的区别关键在于理解伦理学的两个基本范畴:"正当性"(rightness)与"善"(good)。"正当性"以及同类概念与"理性"概念紧密相连,其本身涵盖"理性的规定"、"理性的命令"和"理性的约束"。道德行为即按照理性的命令行事。这里所谓的"理性",或者指"无条件地规定某些行为,不然,便指涉某个遥远的目的"。③ 例如,康德的绝对命令,或者,功利主义的最大幸福目标。反之,"善"及其同类概念则意味着,道德理想本身即具有迷人的性质,可以吸引人们关注和追求,无须理性的命令。至于合乎德行的行为或行动的正当性,其本身就隶属于善,属于善的范畴,并非理性的规定,亦非达到某种遥远目标的手段。

拉默尔(C.Larmore)根据"善"和"正当性"两个概念,用更简明的方式概括西季威克的观点。他像罗尔斯一样,分析了《伦理学方法》第一编第九章(上引西季威克的文字便出自同一章节),断言西季威克的意图是要表明:

> ……道德价值的性质假定了两种截然不同的形式,[究竟哪一种]取决于在

---

① Rawls,John,*Lectures on the History of Moral Philosophy*,edited by Barbara Herman,Cambridge:Harvard University Press,2000,p.2.中译文参见罗尔斯:《道德哲学史讲义》,张国清译,上海三联书店 2003 年版,第4—5 页。

② 转引自 Rawls,*Lectures on the History of Moral Philosophy*,pp.1-2.方括号里的内容是罗尔斯加的。原文参见 Sidgwick,Henry,*The Methods of Ethics*,7th ed.,London:Macmillan,1907,pp.105-106.中译文参见西季威克:《伦理学方法》,廖申白译,中国社会科学出版社 1993 年版,第 127 页。

③ Rawls,*Lectures on the History of Moral Philosophy*,p.1.

"正当性"与"善"两个概念之间，认为哪个更为基本。而且，在他［西季威克］看来，这两种道德观具有鲜明的历史分野：善的优先是古希腊伦理学的核心；正当性优先则是现代伦理学的信条。①

拉默尔指出，此前各章，西季威克始终坚持使用"正当性"概念，将其作为伦理学的一个基本概念，其含义指"行为应当服从的具有权威的规定，规则或律令"。然而在这一章，他却提出"善"的概念也可以作为基本概念，其含义指人们欲求事物本身具有的某种品性，其本身因善而成为追求的目标。按照拉默尔的解释，这里绝非简单地引进另一个概念或另一种可能的表述方式，而是提出了"理解伦理学性质（或者他所说的'道德理想'）的两种截然不同的方法"。不仅如此，这两种方法还反映了不同时代的伦理学取向："正当性"概念为现代人所青睐，"善"概念则是古代人的偏好。

就伦理学的基础而言，"如果正当性概念为善的概念所取代，那么，道德理想便不再是强制性的（imperative），而是吸引人的（attractive）"。这意味着，"伦理价值，或者可以界定为对于行为者的约束或义务，无论该行为者的欲望或要求是什么；或者，可以界定为行为者事实上想要的东西，假如他对自己的欲求有充分了解的话"。前者，将"正当性"当作基本概念；后者，则把"善"当作基本概念。不难看出，这里的"基本"，并非一般意义的"重要"、"主要"、"基础"，而是指具有决定性的"根本要素"。因此，伦理学无论将哪个概念当作基本概念，两类概念均会出现，分别发挥自身应有的重要作用，只不过"基本概念"起决定作用，另一类概念必须根据"基本概念"加以界定和理解。倘若"正当性"概念是基本的，那么，"只有当善符合行为者义务的要求时，才成为他所欲求的东西。善是正当欲望的对象"；倘若"善"概念是基本的，那么，"正当性是指：在信息充分的情况下，为了获得行为者实际欲求的东西，他应当做的事情"。②

从以上分析可以得出结论：西季威克以及罗尔斯和拉默尔一致认为：伦理价值的命令概念使"正当性"优先于善；反之，吸引力概念使"善"优于正当性。前者是现代道德哲学的原则，后者则是古代道德哲学的原则。

二

毫无疑问，两种道德哲学原则根植于不同的历史文化背景。

---

① Larmore, Charles, *The Morals of Modernity*, Cambridge：Cambridge University Press, 1996, p.19.（方括号里的内容是论文作者加的）。

② Larmore, Charles, *The Morals of Modernity*, Cambridge：Cambridge University Press, 1996, p.20.

古典道德哲学发轫于古希腊城邦的公共社会实践。据罗尔斯分析,①城邦的和谐与安定依靠公民宗教来维系。这种宗教并无神圣的教义约束人们的信仰和行为,不过是认定公民身份的一种仪式罢了,"亵渎诸神的人遭受惩罚,与其说因为抛弃了信仰本身,不如说是因为这样便表明他们不愿参与公共的社会实践"。② 至于道德理想,主要是通过《荷马史诗》的诸神和英雄形象设定的。在性质高度相同、人口数量不多的城邦社会里,公民所追求的幸福几乎是一致的。然而,荷马时代的理想生活方式逐渐过时。为了适应公元前5世纪雅典新兴的社会文化状况,必须摒弃传统的公民宗教。正是在批判传统公民宗教的背景下,古典道德哲学提出自己的"至善"观念,以取代先前的"至善"观念,自然而然地占据了人类生活的核心地位。

现代道德哲学的历史文化背景更为复杂。③ 中世纪基督教崇拜上帝的绝对权威,人的命运和幸福,均依赖于上帝的拯救,因此,神的法则成为人类行为的唯一指南,成为衡量道德之善恶的唯一标准。16世纪发生的宗教改革运动,致使统一的宗教分裂,形成多元态势,不仅引发不同的宗教派别严重冲突,而且教会力量式微,大权渐渐旁落,为享有中央集权的君主取而代之。于是,现实生活经验给人们提出的问题,不再是古希腊人曾经探索的"人如何生活"的问题,而是"当面对的人们信仰不同权威和救赎方式的宗教时,如何才能与他们一起生活"的问题。这个新问题引导人们重新考察道德哲学的基本原则。"到了18世纪,许多著名作家希望为道德知识奠立一种基础,独立于教会的权威,能为有理性、有良知的普通人所把握。为此,他们要求发展一整套概念和原则,借以刻画自主和责任的特征。"④这意味着,凡具有正常理性的普通人,都可以认识应该承担的道德义务和责任,都必须依据普遍的道德原则判别善恶。上帝的权威为理性的权威所取代。

尽管中世纪的道德哲学开始关注道德法则和道德责任的作用,不过,它与现代的道德哲学仍存在重大差别。透过罗尔斯提出的三个问题,可窥一斑:

第一:我们所要求的道德秩序究竟来自外部源泉,还是以某种方式产生于人性本身(作为理性或情感,或者,既作为理性亦作为情感),产生于我们在社会中一起生活的需求?

第二:关于"我们将如何行为"的知识或意识,究竟只能为某些人或极少数人(如神职人员)直接获得;还是可以为凡具有普通理性和良知的每个人获得?

---

① 参见 Rawls, *Lectures on the History of Moral Philosophy*, pp.3-5。
② Rawls, *Lectures on the History of Moral Philosophy*, p.3.
③ 参见 Rawls, *Lectures on the History of Moral Philosophy*, pp.5-11。
④ Rawls, *Lectures on the History of Moral Philosophy*, p.8.

第三：我们究竟是必须通过某种外部动机，才可能被说服或被强迫，驱使自己遵守道德；还是我们本来就是如此构造，以至于其本质便具有充分的动机，足以引导我们去做应当做的事情，根本无需外部动因？①

每个问题分前后两部分，分别代表不同的道德哲学取向，彼此对照。罗尔斯认为，上述三个问题，现代哲学家均以不同的方式肯定了每一个问题中的后一种观点，即，道德秩序来源于人性本身，来源于我们在社会中一起生活的需求；凡具有普通理性和良知的人，都有能力知晓"我们将如何行为"；人本质上具备充足的动机，无须依靠上帝或国家的外力引导，便可做应当做的事情。不难看出，二者的差别是十分明显的。应该指出，有些学者甚至认为，即便基督教道德哲学强调上帝颁布道德律令，却并未完全摆脱古代道德哲学的"善"优先于"正当性"的框架。例如，拉默尔指出："阿奎那的伦理学，其形态依然是'善'优先于'正当性'。自然法的第一律令是'求善避恶'，不过，按照阿奎那的界定，善本身是理性所理解的我们具有的一种自然倾向。"②

其实，在罗尔斯看来，根本没有固定不变的哲学问题，亦没有解决它们的统一标准。问题及其解决方案，均依赖于不同时代的普遍思想架构。这种思想架构体现时代精神，并通过特定的问题展示其历史特征和要求。问题之所以成为真正的问题，并非单纯出于好奇，而是现实环境对人们流行的观点和预期提出严峻的挑战。随着时代的变迁，一些问题消逝，另一些问题则出现。一般哲学问题如此，道德哲学问题何尝不这样呢？

三

然而，若要理解古代道德哲学为什么以及如何将"善"优先于"正当性"，其局限性何在，还必须回到理论本身。

上文所述罗尔斯引自西季威克《伦理学方法》的那段话，为我们的理论理解提供一个重要指引。遗憾的是，两个中译本（指罗尔斯和西季威克的中译）均未能将"属概念"（generic notion）和"种概念"（specific notion）两个关键词准确译出，而是做了含糊处理，分别译作"一般概（观）念"与"特殊概（观）念"，非但弱化其指引功效，甚至干扰了读者的正确把握。因为在这里，西季威克恰恰是要凭借"属概念"与"种概念"，以确立古代道德哲学中"善"与"正当性"的逻辑位置，表明二者之间的逻辑关系："善"作为属，意指一个较大的类，"正当性"则是其下的一个种，即相对较小的一个子类，属于"善"这个

---

① Rawls, *Lectures on the History of Moral Philosophy*, p.10.
② Larmore, *The Morals of Modernity*, p.21.

大类。或者说,"正当性"是属概念"善"的下位概念,其外延完全包含在"善"的外延中,并仅仅是属概念"善"之外延的一部分。要理解"正当性",必须在属概念"善"的辖域内才有可能。"正当性"只是"善"之一类,此外还有其他不同种类的善,它们作为种概念,均像"正当性"一样归于同一个属概念"善"。因此,"正当性"不仅与作为属的"善"具有密切关系,而且也与作为不同种类的其他善发生关系。于是,古代道德哲学根本不会关注"义务及其基础是什么"的问题,其核心问题只能是:"在人们认作善的对象中,哪一个是真正的善或至善?"或者,用更专门的方式提问:"我们称作德性的那种善,即人们颂扬和称赞的那些行为和性格的品质,与其他善的事物是什么关系?"西季威克甚至强调,"古希腊思想家所辩论的,自始至终就是这个问题。"①

问题背后是以目的论为导向的形而上学。柏拉图将至善规定为"相之相"(the Form of Forms),即决定所有相的最高相,善之相。世间的万事万物,就其本质而言,均以至善为目标:任何获取知识的尝试,都是试图获取绝对善的知识,因此,哲学的任务,其本质亦是道德的。所有特殊善的知识,都包含在绝对善的知识中,就此而言,人类所有的实践德性,也以绝对善的知识为源泉。在这一点上,亚里士多德与柏拉图并无二致,他认为,神圣之善与人类之善紧密关联,宇宙的本质就是善的,是普遍的抽象思维活动的终极目的,其本身是不变的和永恒的,同时却是具体世界整个变化过程的源泉和动因。因此,自然本质上具有"自然的"目标,整个自然世界不过是自然目的的一个整体系统,其中的每个事物都试图获得自我实现,"宇宙万物都是向善的"。② 人作为自然的一部分,当然也不例外。

于是,我们不难理解,苏格拉底为什么断言"德性即知识":既然善性并非习俗,而是自然事物,是关于宇宙的最基本的事实,那么,透彻理解善性便成为人们过美好生活的必要条件。人们之所以作恶,其根源在于他们不知道何为真正的善。在现代人眼里,这个论断显然是一个悖论(paradox),甚至对一般古希腊人而言,似乎也是荒谬的。然而,西季威克指出,这个悖论恰恰是理解古代道德哲学的一个重要线索,因为它"是从一些自明之理演绎出来的,几乎无法辩驳"。③

(1)每一个人都欲求自己的善,如果可能,都将获取它。

(2)正义和美德是善,是所有善中最美好的(finest)。

假如(1)与(2)两个"自明之理"不容怀疑,那么,必将承认

(3)凡知道什么是正义和正当行为的人,决不会选择别的事情;凡不知道的人

---

① Sidgwick, *The Methods of Ethics*, p.106.

② 亚里士多德:《尼各马科伦理学》,1094a2,中国社会科学出版社1990年版。

③ Sidgwick, Henry, *Outlines of the History of Ethics*, 6th ed., Boston: Beacon Press, p.24.

也绝不可能把它们付诸实践。

承认(3)无异于接受苏格拉底的结论:"正义和所有其他德性,统统囊括在智慧或善的知识中。"现代人会质疑:倘若如此,行为主体还有道德的自由吗?苏格拉底却认为,"唯独知识才使人获得真正的自由"。① 坏人做坏事,乃为无知所限制,其所作所为与其本性,即真正的善的欲求,背道而驰。人性是向善的,只有善良的行为才出于人的真正意愿。因此,唯独获得善的知识,人才能自由地实现自己最大的意愿——善。人生活的正确方式,是通过知识获得的。人生最宝贵的财富是智慧或知识,而最重要的知识是善的知识。苏格拉底之后的希腊主流哲学,几乎都不否认这一点。

按照这种理解,人的善,或真正的善,是人类合理行为的终极目的,因此,终极善的本质及其实现手段,便成为道德哲学的主要研究对象。问题在于:"终极善"的概念对于确定"何为正当行为"是否是必然的?"德性即知识"预设的一个基本前提是:正当行为本身是人的唯一的终极善,认识了终极善,必然有正当行为。然而,如前所述,"正当性"与其他德性(诸如勇敢、节制、慷慨等)均为种概念"至善"下的不同的属概念,正当性仅仅作为一类善,占据善的一席之地。因此,假如将"至善"作为判断"行为是否正当"的根据,似乎必须首先弄清楚,为什么"我们应当选择这种善的事物,而非所有其他善的事物,即,仍然需要寻找某个标准,以评估不同之善的相对价值"。② 所以,上面两个自明之理并不自明:即便(2)断言正义是最美好的善,人们仍然有理由追问:为什么如此? 更何况,(1)所指涉的是一个人"自己的善",于是需要澄清:自己的善与正义或正当性是什么关系,与其他的善是什么关系?

从对"善"的一般理解出发,任何判断为善的事物,"都隐含地被设想为达到快乐目的的手段,即便我们在判断中并未明示这个或任何其他外在目的"。依照这种观点,当人们根据"善性"(goodness)对事物加以比较时,"实际上是将它们作为快乐的源泉进行比较"。"因此,任何将我们的善性直觉——无论是针对行为的,还是品性的,或者针对其他事物的——系统化的尝试,都必然合理地把我们径直引向快乐主义。"③西季威克的以上分析引导我们更好地理解古代道德哲学的两个主要特征:

首先,道德哲学为人们提供生活技艺(arts of life)。无疑,在古人看来,某类德性(如勇敢)是人们追求的目标,而且,获得它需要采取相应的某类行为,因为好的行为包含在目的本身中。但是,德性若在现实中得以实现,则需要实践理性发挥作用:实践理性主要关心达到目的的手段,即决定在特定的处境下采取哪些具体行为。正如眼睛的

---

① Sidgwick, Henry, *Outlines of the History of Ethics*, 6th ed., Boston: Beacon Press, p.25.

② Sidgwick, *The Methods of Ethics*, p.106.

③ Sidgwick, *The Methods of Ethics*, pp.106-7.

目的是看到它想看到的东西,所有器官和工具的目的就在于能够实现自己的功能,同理,整个宇宙亦可以设想为手段对目的的适应。

其次,对每一个人来说,终极善是其福祉(幸福),快乐是福祉的一个重要因素。正如亚里士多德指出的:人的行为所获得的一切善,其顶点是福祉(eúdaimonía);善的生活、好的行为就是福祉。① 对于这一点,古代哲学家几乎无人表示怀疑。他们争论的焦点在于,"人们认作善或可欲望的特定对象——智慧、快乐、财富、声誉等——在多大程度上构成或有益于他的福祉"。② 尽管回答这个问题,需要普遍"善"的知识,即知道善本身的实在性质,但是,人的特定福祉(幸福)不能从普遍善的知识直接推论出来,而是必须考虑每个人的特殊境况,必须取决于特定的生活技艺。因此,每一个善的概念,必然是德性与利益的统一。

然而,古代道德哲学以上两个特征,无疑暗示了它所面临的两个严重困难。

首先,若将善看作生活技艺,即手段,将陷入论证困境:有德的行为所以合理,皆因为其目的是实现某类德性,但是,要实现这类德性,则需要合理的行为,这意味着,并非所有以追求这类德性为目的的行为是天然合理的。埃尔文(Terence Irwin)敏锐看到古代目的论道德哲学遇到的困难,并概括了古希腊哲学家为解决这一困难做出的种种努力。

> 苏格拉底将目的论的合理性等同于技艺的生产合理性,以至于德性因为它们作为原因构成某种外在目的而具有选择价值。柏拉图主张,正义值得选择,乃为了正义本身,不仅仅为其引发的结果。于是,他暗中否认生产合理性是唯一合理的追求目标,但并未清楚指明其他出路。亚里士多德则区分两类追求目标的行动:生产(poiêsis),其目的是生产之外的某种目的;"行动"或"行为"(praxis),"好的行动本身即是目的"。(1140b7)他宣称,有的行动可以从目的论加以理解,尽管它并非单纯的手段,用以实现完全外在的目的。亚里士多德的区分表明,德性如何不单纯具有工具的价值而适应于幸福,同时表明,有德性的人为什么能够将幸福看作终极目的,并且能够为了有德的行为而选择有德的行为。③

亚里士多德的两分法最终能否摆脱困境,学界有不同看法。不过,埃尔文的论述至少证明,将道德哲学看作单纯的"行为技艺"并不合理,古代哲学家已经看到这一点,而且千方百计予以弥补。西季威克揭示了问题的实质:"倘若我们假定,行动的正当性取决于能否促成某种外在目的,那么毫无疑问——这种目的一旦明确——人们在不同的

① 参见亚里士多德:《尼各马科伦理学》,中国社会科学出版社 1990 年版,1095a16—20。

② Sidgwick, *Outlines of the History of Ethics*, p.48.

③ Irwin, Terence, *The Development of Ethics: A Historical and Critical Study*, Vol. 1, Oxford: Oxford University Press, 2007, p.117.

关系和环境中,决定其行动的正当规则的过程将自然而然地隶属于技艺的概念。"然而,在实践过程中,道德行动的终极目的往往不是外在的,"而是行动的正当性本身",即"通过这种行动得以实现和确认的德性",因此,"技艺"一词不适合道德哲学的系统表述。① 善的目的与行为的正当性之间的冲突清晰可见。

其次,把快乐等同于善,并作为追求的目的,会导致更加严重的困难。且不论臭名昭著的"伊壁鸠鲁主义"如何肆意践踏人类的道德意识,将无德的个人物质享乐当作美德,为世人诟病。即便关于善与快乐关系的严肃讨论,亦可发现,将善等同于"追求快乐"或"追求个人福祉"同样难以立足。相对于"快乐","善的"概念更加抽象,致使二者无法贴切地彼此吻合,因此,"善的属性……可能并不相应于行为引发的所有快乐,而仅相应于一个特殊的快乐",即类似于"审美的"快乐。甚至这种特殊的快乐,也只能由道德品味高尚的个人提供理想标准,评判其是否善的,或多大程度上是善的。况且,这些人提供的标准,往往也来源于理智的领悟,而非快乐的情感。② 将"快乐"等同于"善"的逻辑结论必然是:用特殊的主观标准取代普遍的客观标准,甚至凭借个体的好恶感受进行道德判断。然而,古代道德哲学家恰恰企图借助"快乐"解释人的幸福和善,降低后者的抽象性,甚至认为人类最好的、最高贵的生活就是将痛苦降低到最低程度,获取最大快乐的生活。于是不难理解,亚里士多德为什么再三强调必须通过"技艺"为人类造福了。这里的"人类"是集合名词,指个人构成的群体。当个人把追求自己的幸福当作善,当作道德标准,无异于将个人的快乐与痛苦作为标准,完全流于个人主观的决定。这意味着:行为者的道德要求不可能与他自己的善相冲突,提升"我"的善即提升道德的德性。因此,亚里士多德从来不说我们应当牺牲自己的善去坚守正义的主张;而只是说,假如我们拒绝了这些主张,便丧失了自己的善。③ 正如西季威克正确指出的,尽管希腊道德哲学家亦探讨终极善,但是,其"主要问题自然地且不可避免地采取利己主义的形式",他们"所研究的至善(the Good)是'为自己的善',或者,是为了其他个体的哲学灵魂,探求真正的生活方式"。④

四

现代道德哲学原则的最经典表述当推康德。康德在多部著作中试图证明,纯粹理

① Sidgwick, *The Methods of Ethics*, p.4.

② 参见 Sidgwick, *The Methods of Ethics*, pp.108−109。

③ 参见 Rawls, *Lectures on the History of Moral Philosophy*, p.4。

④ Sidgwick, Henry, "Hedonism and Ultimate Good", in his *Essays on Ethics and Method*, edited by M.G.Singer, Oxford: Clarendon Press, 2000, p.89.

性是实践的,即能够不依赖于任何经验,而单凭道德法则决定其意志,因此,人类的道德根源于纯粹理性。道德法则所以具有至高的权威性,并非出于人的好恶,并非出于人的自然本性,亦非出于人对幸福生活的向往,而在于这些法则本身具有普遍有效性。《实践理性批判》"分析论"开篇对"实践原则(理)"加以界定:

> 实践原理是包含意志一般决定的一些命题……如果主体以为这种条件只对他的意志有效,那么这些原理就是主观的,或者是准则;但是,如果主体认识到这种条件是客观的,亦即对每一个理性存在者的意志都有效,那么这些原理就是客观的,或者就是实践法则。①

凡是设定客体在先,将其作为欲求对象,据此决定意志的取向,统统依赖于经验条件,即将主体的特殊条件作为决定意志的基础,将个人的准则当作实践法则。在康德看来,这种实践原则是质料性质的,仅具有主观的有效性,隶属于自爱准则。唯独将准则的单纯形式作为决定意志的根据,这种准则才具有客观有效性,才能成为实践法则。科尔斯加德(Christine Korsgaard)用公式表述这两种情况:②

> 自爱准则:我将做我欲求的事情,而且,如果不干扰我的自爱,那就是道德上所要求的。

> 道德准则:我将做道德所要求的事情,而且,如果不干扰我的义务,那就是我所欲求的。

这里,科尔斯加德直接用"道德准则"表述"实践法则",并特别强调:"道德准则是源于绝对命令的准则:我仅仅依据一种准则行为,即我能够意愿其作为普遍法则的准则。"③这意味着,"你意志的准则始终能够同时用作普遍立法的原则"。④ 因此,当人们判断某个意志或行为是善的,必然以某个普遍原则为标准,将绝对命令作为先决条件。显然,康德关于实践法则的阐述体现了现代道德哲学原则的运用:"正当性"优先于善,人类道德根源于理性的绝对命令。

事实上,康德《实践理性批判》一个重要任务,就是为这一道德哲学原则作辩护。他在该书"前言"指出,《道德形而上学基础》出版后,备受责难,其中一个指责(来自Hermann Andreas Pistorius)是说:"善的概念在那里没有先于道德法则确立起来(按照他的意见这是必需的)",本书"分析论第二章"将给予"充分的答辩"。⑤

---

① 康德:《实践理性批判》,韩水法译,商务印书馆1999年版,第17页。
② Korsgaard,*Christine*,*Creating the Kingdom of Ends*,Cambridge:Cambridge University Press,1996,p.165.
③ Korsgaard,*Christine*,*Creating the Kingdom of Ends*,Cambridge:Cambridge University Press,1996,p.165.
④ 康德:《实践理性批判》,商务印书馆1999年版,第31页。
⑤ 康德:《实践理性批判》,商务印书馆1999年版,第7—8页。

分析论第二章讨论纯粹实践理性的对象概念，并且认定，实践理性将善恶之物作为自己的唯一对象，善是"欲求能力的必然对象"，恶是"憎恶能力的必然对象"。① 仅从字面看，这个论述与以往哲学家并无多大区别。然而，问题的关键在于，康德并不认为意志的对象是先在的、现成的，而是特别强调自由意志自发遵从的实践法则为行为提供决定依据，使其结果的表象成为实践认知的对象。"这就是说，善和恶的概念必定不是先于道德法则（从表面上看来，前者甚至似乎必定构成后者的基础）被决定的，而只是……后于道德法则并且通过道德法则被决定的。"② 以往道德哲学家所以误入歧途，就在于他们企图依据对象为道德法则奠立基础，其结果必然将对象与个人情感直接联系起来。按照康德的看法，这种善的对象必将决定经验主体成为判断善恶的标准，因为人们欲求的对象取决于经验，即该对象的表象能否引发快乐，完全依个人的感受为转移。即便遵循语言的习惯用法，严格从普遍概念的意义上运用"善"和"恶"，其结果亦不过将目光从对象转移到达到目的的手段，使"善"与"有用"相等同，但仍然将善置于纯粹意志之外，最终还是摆脱不了对快乐感受的依赖。③ 这种以欲望对象为前提的实践原则，统统是"质料原则"，皆"从属于自爱或个人幸福的普遍原则"。④ 自爱和幸福的概念意涵模糊，依个人的不同条件而变幻不定，因此，建立在自爱和幸福基础上的善不能提供普遍有效的道德法则，相反，只有以道德法则为依据，才能判定善与恶，才能将善恶作为意志的对象。

五

不仅康德，甚至作为现代道德哲学的功利主义，也将"正当"置于"善"之先。

无疑，功利主义是一种后果论，与被称作义务论的康德道德哲学相对立。前者注重行为的效应或后果，其提问公式是：如果我做 X，会发生什么？道德上正确与否，取决于行为造成的后果，其判断始终为未来的行为结果所引导；后者则注重意志或义务的作用，其提问公式是：无论结果如何，做 X 是对还是错？决定行为价值的不在于后果，而在于动机。两种观点针锋相对，似乎水火不容。长此以往，人们进而认为二者的分歧就在于，究竟是将"正当"还是将"善"看作基本道德原则：康德强调"正当"原则，功利主义则强调"善"的

---

① 康德：《实践理性批判》，商务印书馆 1999 年版，第 62 页。
② 康德：《实践理性批判》，商务印书馆 1999 年版，第 68 页。
③ 参见康德：《实践理性批判》，商务印书馆 1999 年版，第 62—68 页。
④ 康德：《实践理性批判》，商务印书馆 1999 年版，第 20 页。

原则。然而,这种看法是错误的。事实上,两种理论都强调"正当"优先于"善"。①

尽管功利主义根据行为的结果评判道德价值,认为凡能导致社会的最大幸福,使善的总量有所增益,造福于社会每一个人的行为,就是善的。"但是,这并不意味着:正当行为的观念是从独立的善的概念派生出来的。因为要确定善获得最大量增益,其本身必须诉诸正当性的绝对原则:通过公平考虑所有相关个体的总体善来界定善,如同宣称我们'应当'做什么,并不考虑我们自己的利益是什么,因此,遵循这个原则是一种责任,我们必须无条件地承担起来"。② 西季威克作为一个功利主义者,对这个问题有更直接的阐述。他在"伦理学基本问题的若干争论"一文中指出,现代道德哲学的"合理性判断"通常采取以下形式:"X 是正当的"或者"应当做 X",其中"正当的"和"应当"两个概念至关重要,是最终概念,不能再加分析,即"不能凭借其他更基本的概念给以解释"。③ 不仅功利主义,甚至反对功利主义的其他现代道德哲学派别,在这一点上都是共同的。然而,富勒(Mr.Fowler)提出责难,认为不能将"正当的"和"应当"作为最基本的概念,理由之一是"正当"观念必须凭借善的观念加以解释(explication)。④ 西季威克在回应中,指出富勒有两点错误:

首先,富勒把"正当性"看作手段的属性,而非目的本身的属性:凡抵达某一目的的最佳手段,便是"正当的"。⑤ 因此,他似乎理所当然地认为,必须凭借目的之"善",解释抵达此目的的手段之"正当"。然而,一旦人们将目光转向目的本身,问题便产生了:如何界定"善"概念?难道不能将"终极目的"表述为"正当的"?富勒似乎并不否认这一点,因为他承认,当对不同的目的加以比较时,人们会进行价值评估,有意识地选择更好的目的,摈弃不太好的目的。倘若如此,为什么将"正当"仅仅归于手段呢?

其次,富勒承认,"正是通过[对目的的]有意识的选择及其随后而至的自我赞同,道德性才第一次出现",其中,决定意愿取向的判断活动起着重要作用,且不同于纯粹的满足感。这意味着,行为者赞同意识的选择是一种常规的道德判断。于是西季威克提出质疑:"我看不出,在这个判断中,[为什么]不允许'正当'概念进入。因为这个判

---

① 参见 Larmore, *The Morals of Modernity*, p.22。

② Larmore, *The Morals of Modernity*, pp.22-23.

③ 见 Sidgwick, "Some Fundamental Ethical Controversies", in his *Essays on Ethics and Method*, p.40。

④ 见 Sidgwick, "Some Fundamental Ethical Controversies", in his *Essays on Ethics and Method*, p.42。

⑤ 西季威克认为,把正当性看作手段的一种属性,乃人们的通常看法。他在《伦理学方法》中指出:"人们力主,'正当性'专指手段的属性,而非目的的,因此,这种属性仅仅意指,被判断为正当的行为,是实现某种所理解(如果不是明确表明的)目的的最佳手段,或唯一的合适手段。"所以,人们才有"应当做什么"、"应当如何行为"等说法。但是,这种理解有很大局限,因为,"(1)某些种类的行为——称作正义、诚实、诚信等——通常被认为是无条件正当的,无须考虑未来的结果如何;(2)我们同样将采取某种目的——诸如社会的共同善或普遍幸福——看作'正当的'"。(Sidgwick, *The Methods of Ethics*, p.26)

断,必须通过'有意识的选择,等等,是正当的'命题,才能明确表达;命题中的'正当的'一词,不可能意味着'有益于整体的最大善',因为这个意义将使命题毫无价值。"这里,并不允许凭借善的概念解释"正当"概念。后者是"最终的且不可分析的"。①

在西季威克看来,伦理学不同于实证科学,其研究的基本对象是"应当"(ought),而非"所是"(is),因此,目光自然而然聚焦于义务或正当行为的一般规则,即道德准则,试图确定指导人类行为的准则哪个才是正当的,纷繁歧义的道德判断哪个才是有效的。诚然,人们在探讨"应当"性质的问题时,时常涉及善恶概念,甚至将它们与正误概念互换使用,但是,正如西季威克指出的:

> 反思表明,对于一个人,什么是善的普通概念——即便我们将它限于所谓"终极"善,或"善本身",而非单纯抵达某一未来目的的手段——不仅包含了对他而言什么是正当或义务的普通概念,而且也包含了他的利益或幸福。毫无疑问,人们通常认为,履行义务最终对个人有好处,会增加他的利益和幸福;但是,决不能由此推论,义务与利益概念是同一的,甚至断言,二者间不可分离的联系可以为科学所认识和证明。②

不难看出,作为一种道德理论,功利主义同样承认:尽管"善"与"正当"两个概念有密切关联,但是,决不能将二者混为一谈:"善"始终牵扯个人的利益和福祉,不能作为普遍有效的行为准则;"正当"则意味着对任何人的行为具有无条件的约束力,具有客观的有效性。因此,"善"对于确定"什么是应当"并不具有决定性,它必须以"正当"为前提,才能发挥道德作用。"正当"之所以具有这个优势,盖源于前文所指出的两个基本特征:(1)制约性:"正当的"道德准则是命令或绝对命令,无条件地要求人们应当做什么,决定人的意愿和行为。无疑,这种命令时常与个人的经验动机发生冲突,然而,正是通过这种冲突,命令才彰显本来的意涵,用来"描述理性与纯粹禀性或不合理冲动之间的关系,将其比作上峰意志与下属意志的关系。"③道德法则具有必然性。对人而言,其本身就是强制性。(2)普遍有效性:"正当的"道德准则并非源于个人或群体的欲求,而是源于理性,为理性的实践法则所决定,因此,对于一切具有理性的存在者均有效。当道德法则决定人们"应当"如何行为时,展示的是一种理想或范型,用以规范所有人的行为,并非个人(哪怕杰出人物)的经验判断。正如西季威克所言:"应当是一种可能的知识对象,即,凡我判断为应当者,必然为所有真正判断该问题的理性存在者同样判

---

① Sidgwick, *The Methods of Ethics*, p.43.
② Sidgwick, *Outlines of the History of Ethics*, p.6.
③ Sidgwick, *The Methods of Ethics*, p.35.

断为应当者,除非我判断错了。"①"即便道德判断最初与某种特殊行为相关联,但是,我们通常认为它也适用于任何其他行为,只要它们隶属于某一个确定的类别,因此,人们所把握的道德真理,被默认为本质上是普遍的……"②也就是说,始终对所有的理性存在者普遍有效,并非为一人、一群、一族、一国、一时、一域的特殊条件所局限。"正当"为"应当"提供理性的根据和保证,基本的道德原则必定包含"正当"和"应当"的意涵。正因为这个缘故,西季威克时常将"正当"与"应当"互换使用。

然而,西季威克指出,在现代道德哲学的论证中,人们往往忽略了这一点。"例如,许多作者似乎赞同密尔的观点,以为可以利用'人人欲求快乐'的心理学概括,构建'快乐是我们应当追求的目标'的伦理学命题。"③其错误在于:企图从个体现实的欲望经验推导具有规范性的"应当",即普遍有效的道德原则,其实,二者间并无必然的逻辑关系。在西季威克看来,功利主义绝非建立在"心理联想主义"的基础上,而是以理性为核心,解决"正当行为将如何被规定"的问题。他在生前未发表的笔记中坦承:"……我重读了康德的伦理学……其基本原则——仅遵照你同时也能意愿成为普遍法则的原则或准则去行动——的真知灼见和重要性,给我留下深刻印象。"④尽管他仍然将追求普遍幸福准则作为行为的最高指导规则,但是,他力图树立理性的权威,同时为合理的自爱留有余地,将康德的原则与功利主义原则完美地协调起来。他认为自己的功利主义原则"是一个普遍法则,即人们应当按照提高普遍幸福的方式去行动;事实上十分明显,从普遍的观点看,它是我能够决然意愿的唯一法则"。⑤

最后需要指出一点,对现代道德哲学而言,尽管其基本原则强调"正当"优先于"善",但是,两类概念缺一不可,二者在道德哲学的构建中都起着重要作用,不管孰先孰后。说"正当"优先体现了现代道德哲学的基本原则,仅在于强调理性的道德义务独立并优先于个别行为者的善,并不因此而抹杀"善"的意义和问题。正因为如此,现代道德哲学的问题更加扑朔迷离,错综复杂。不过,毫无疑问,厘清古今道德哲学的不同原则,自觉而谨慎地辨析古今道德理论的异同,避免将不同层面的问题混为一谈,对于我们今天的道德哲学讨论,显然是十分迫切和必要的。

---

① Sidgwick, *The Methods of Ethics*, p.33.
② Sidgwick, *The Methods of Ethics*, p.34.
③ Sidgwick, "The Establishment of Ethical First Principles", in his *Essays on Ethics and Method*, p.31.
④ 见 Sidgwick, *The Methods of Ethics*, p.xvii。
⑤ 见 Sidgwick, *The Methods of Ethics*, p.xx。

索绪尔与梅洛-庞蒂语言观比较研究

李婉莉①

研究梅洛-庞蒂的语言现象学思想,不可避免地要提及瑞士的语言学家索绪尔,后者的语言学对于梅洛-庞蒂影响深远,可以说,没有索绪尔的语言学思想,就没有梅洛-庞蒂独具特色的语言现象学。研究梅洛-庞蒂与索绪尔之间的关系,不仅是理解梅洛-庞蒂思想发展的关键,也是理解梅洛-庞蒂之后法国思想中的语言哲学、语言学、符号学、文学、美学等诸多复杂理论问题的关键②。正是因为梅洛-庞蒂首先提及索绪尔,将索绪尔引介到法国哲学界,并且逐渐将索绪尔的语言学著作提高到显著的地位,才会在后来吸引了结构主义、解构主义等诸多思想家对索绪尔语言学的关注和阐释,也才会让索绪尔的语言学深深影响了后来的法国哲学界和思想界。

梅洛-庞蒂是最早对索绪尔的语言学思想感兴趣的哲学家之一。不仅如此,Roland Barthes 曾指出,梅洛-庞蒂是最先将这位瑞士的语言学家介绍到法国哲学领域的第一人③。早在 1947 年,梅洛-庞蒂在出版的作品《形而上学与伦理学》杂志(Revue de Métaphysique et de Morale)中第一次提及索绪尔,这篇名为"人的形而上学"的文章后来结集在《意义与无意义》中。在这之后,梅洛-庞蒂开始越来越关注语言问题,先后开设了很多探讨语言问题的课程。例如 1947 年至 1948 年在里昂讲授的"语言与交流"(Language and Communication)课程、1948 年在巴黎高师讲授的"索绪尔"(Saussure)课程、1949 年至 1950 年在索邦开设的"意识与语言的获得"(Consciousness and the Acquisition of Language)课程、1952 年在法兰西学院讲授的"感性的世界与表达的世界"(Le Monde Sensible et Le Monde de L'expression)课程,等等。从这些课程和讲座中可以看出,索绪尔语言学在梅洛-庞蒂思想中的重要性和地位在逐渐上升。

除此之外,梅洛-庞蒂还在诸多著作中探讨语言问题,例如《符号》、《意义与无意

---

① 作者系北京市社会科学院哲学研究所助理研究员,哲学博士。

② Stephen H. Watson, *In the Shadow of Phenomenology——Writings After Merleau-Ponty I*, Continuum International Publishing Group, 2009, p.47.

③ Emmanuel Alloa, *Resistance of the Sensible World*, Trans.by Jane Marie Todd, Fordham University Press, 2017, p.41.

义》、《电影与新心理学》、《世界的散文》、《可见的与不可见的》等。在这些论著中,梅洛-庞蒂多次提及索绪尔,例如"间接的语言和沉默的声音"、"语言现象学"等文章,就是对索绪尔语言学的深入阐释和探讨。值得一提的是,梅洛-庞蒂对于索绪尔语言学不仅仅是简单地介绍和阐述,更多地揉合进了自己的理解,有时候,甚至是对索绪尔的误读。但是,恰是对索绪尔的误读,激发和塑造了梅洛-庞蒂自己独特的语言现象学。

一、言语与语言

由于受到 20 世纪初格式塔心理学影响,索绪尔的语言学注重对语言的结构、系统和功能的研究,认为语言是一个系统。正是在这个意义上,索绪尔认为,若要确定语言学的研究对象,必须先区分言语(speech;la parole)和语言(language;la langue)。

在索绪尔看来,言语指的是真实而具体的言说经验或言说行为,因此,言语活动是个人的和暂时性的;语言是言语活动的一个确定部分,当然也是一个主要的部分。它既是言语机能的社会产物,也是社会集团为了使个人有可能行使这机能所采用的一整套必不可少的规约①。语言是一种社会制度,是表达观念的符号系统。

语言和言语相比,具有以下几个特征。首先,语言是言语活动事实的混杂的总体中一个十分确定的对象,它是言语活动的社会部分,个人以外的东西;个人独自不能创造语言,也不能改变语言;它只凭社会的成员间通过的一种契约而存在。其次,语言和言语不同,它是人们能够分出来加以研究的对象。再次,语言是一种符号系统,在这系统里,只有意义和音响形象的结合是主要的,而且,意义和音响形象这两个部分都是心理的②。

因此,在索绪尔看来,语言就是一种表达观念的符号系统,语言学也就是符号学(sémiologie)。相比具有历史演化特征的言语活动,索绪尔更看重语言,认为语言才是语言学研究的重点,语言学也即符号学的研究对象只能是语言。为此,索绪尔首次提出语言的共时性(synchrony;synchronie)和历时性(diachrony;diachronie)的区别。共时性涉及的是语言学中静态的方面、结构性的特征,历时性涉及的是语言学中历史演化的方面。索绪尔认为,研究语言问题,应研究语言学的共时性方面,从重要性上来说,共时性要优于历时性。"因为对于说话的大众来说,共时性是真正的、唯一的现实性,对于语言学家来说也是这样:如果他置身于历史的展望,那么他所看到的就不再是语言,而是

---

① 费尔迪南·德·索绪尔:《普通语言学教程》,高名凯译,商务印书馆 2003 年版,第 30 页。
② 费尔迪南·德·索绪尔:《普通语言学教程》,高名凯译,商务印书馆 2003 年版,第 36 页。

一系列改变语言的事件"①。

在索绪尔看来,共时性语言学如同下棋一样。首先,下棋的状态与语言的状态相当。棋子的各个价值是由它们在棋盘上的位置决定的,同样,在语言里,每项要素都由于它同其他各项要素对立才能有它的价值。其次,系统永远只是暂时的,会从一种状态变为另一种状态。最后,要从一个平衡过渡到另一个平衡,或者用我们的术语说,从一个共时态过渡到另一个共时态,只消把一个棋子移动一下就够了②。

可见,索绪尔关注的是语言和共时性,是语言的固定不变的结构。索绪尔首次将言语活动的一个横断面拿出来,着重考察语言的共时性的特征。

梅洛-庞蒂在接受索绪尔语言学的开始,就更加重视言语和历时性,关注语言的创造性的一面。他甚至对索绪尔的思想产生误读,认为索绪尔区分了关于言语的共时语言学和关于语言的历时语言学。也就是说,索绪尔的具有历史演化特征的言语和居于静态结构的语言之分到了梅洛-庞蒂这里,变成了言语的共时语言学和语言的历时语言学之分。乍看起来,似乎梅洛-庞蒂对索绪尔的理解是偏差很大的,但是,这也正体现了他对语言问题的独特的思考。因为,在梅洛-庞蒂看来,语言并不是一个已经完成的动作,而是正在发生、正在生成。"语言的力量既不在它所走向的未来的知识中,也不在它所由来的神秘的过去,语言的力量完全在于语言所正在使用、正在进行的场所之中"③,语言的力量就在于正在言说的当下之中。因此,语言不是一个已经完成的工作,而必须被看成是一个动作、一个行动、一个自身的正在生成。

正是在这个意义上,梅洛-庞蒂认为,不能将言语和语言截然分开,也不能将共时性和历时性截然分开,言语和语言互为背景、互相依托,共时性和历时性相互补充、相互渗透。相对于索绪尔注重对语言的结构、语言的静态关系的研究,梅洛-庞蒂更关注语言和言语之间的辩证关系。

梅洛-庞蒂认为,共时性系统必须是活生生的、是时间性的。共时性既是指向过去的,也是指向未来的④。共时性包含了历时性,语言的过去已经通过作为现在而开始,客观视角所展示的一系列偶然的语言事实已经被融入一种每时每刻都是一个具有某种内在逻辑的系统的语言之中。同时,历时性也包含共时性,共时系统应该在每时每刻都包含有原始事件能够进入其中的一些裂缝。因此,共时性只不过是历时性上的一个横

① 费尔迪南·德·索绪尔:《普通语言学教程》,高名凯译,商务印书馆 2003 年版,第 130 页。
② 费尔迪南·德·索绪尔:《普通语言学教程》,高名凯译,商务印书馆 2003 年版,第 128 页。
③ Emmanuel Alloa, *Resistance of the Sensible World*, Trans.by Jane Marie Todd, Fordham University Press, 2017, p.44.
④ Rajiv Kaushik, *Art, Language and Figure in Merleau-Ponty*, Bloomsbury Publishing Plc, 2013, p.81.

断面,在它那里实现的系统从来都不会完全是现实的,它总是包含着一些潜在的或者酝酿中的改变。只要过去曾经是现在,现在就弥散在过去之中;历史是连续的共时性的历史,而语言的过去的偶然性一直蔓延到共时系统之中①。

正是从这样的理解出发,尽管索绪尔认为语言就像棋盘上的棋子一样,是有自身结构的外在于个人的东西,但在梅洛-庞蒂看来,索绪尔的语言学比传统语言学高明的地方,却恰恰在于传统语言学按照因果性解释语言,将语言看作是人们面前的自然物,而索绪尔则将生活在自己的语言中的说话的主体的视角合法化了,突出了正在说话的主体。因此,梅洛-庞蒂认为,在传统语言学中,语言是缺乏"内在"的诸事实的一种镶嵌,而索绪尔的语言学展现出的是一种总体性。在此基础上,梅洛-庞蒂更进一步,提出自己的主张,认为语言学应该超越作为物的语言与作为说话主体之产物的语言这二者之间的非此即彼。语言应该作为一种工具围绕每一位说话的主体,它具有自身的惰性、它的要求、它的限制、它的内在逻辑,然而语言仍然始终向它们的首创性保持开放,始终能够具有意义漂移、歧义含糊、功能替代——它们提供给这种逻辑一种蹒跚步态。简言之,语言既非事物,亦非观念,它就像心理现象那样,只能用一种"领会"的方法来理解②。或者换句话说,语言必须围绕在每一个正在言说的主体周围,它几乎就存在于空气之中③。

梅洛-庞蒂在解读甚至误读索绪尔的基础上,强调言语活动的重要性,强调当下言说的重要性,其目的就是要在言说的过程中发现语言的意义,发现表达的意义。只有言说的过程才具有创造性,才能创造出崭新的意义出来。梅洛-庞蒂认为,言说活动、言语行为不是翻译已经在心中形成的思想,而是在言说的过程中完成它,因此,正在言说的言语强调的是言说的创造性。正是因为重视言语,重视言说的行为,重视言说的历时性方面,才能在言说的过程中捕捉到意义的呈现。"言语不仅仅为一种已确定的意义选择一个符号,如同为人们敲钉子寻找一把锤子,或为拔钉子寻找一把钳子。言语在一种表达意向周围摸索,表达意向不是靠原文引路,而是正在写下原文"④。梅洛-庞蒂强调言语的历时性特征,就是在言语活动既指向过去,又指向未来的时间性的在场中,揭示语言的意义和创造性所在。

---

① 梅洛-庞蒂:《梅洛-庞蒂文集》第 5 卷,杨大春译,商务印书馆 2019 年版,第 58—60 页。
② 梅洛-庞蒂:《梅洛-庞蒂文集》第 4 卷,杨大春译,商务印书馆 2018 年版,第 116—118 页。
③ Emmanuel Alloa, *Resistance of the Sensible World*, Trans.by Jane Marie Todd, Fordham University Press, 2017, p.46.
④ 梅洛-庞蒂:《符号》,姜志辉译,商务印书馆 2003 年版,第 55 页。

二、任意性与可区分性

索绪尔认为,语言符号连结的不是事物和名称,而是概念和音响形象,即所指(signified;signifié)与能指(signifier;signifiant)。所指代表符号的概念,能指代表符号的音响形象。音响形象不是物理意义上的声音,而是声音的印记,是我们的感觉给我们的声音表象,它具有心理性质。

传统语言学认为,符号要与客体相符合,要和意义保持一致。但在索绪尔看来,能指和所指的联系是任意的,也就是说,语言符号具有任意性(arbitrary;arbitraire)。符号与客体之间没有必然的因果联系。任意性并不意味着说话的主体可以任意地选择能指和所指,而是意味着能指与所指之间没有必然的内在的联系。例如,"'姐妹'的观念在法语里同用来做它的能指的 s-ö-r(sœur)这串声音没有任何内在的关系,它也可以用任何别的声音来表示"①。

既然符号具有任意性,那么符号的意义就不在单个的符号之上。单个符号并不具有明确的意义。那么,符号的意义体现在哪里呢?在语言中,是什么承载着语言符号的意义呢?索绪尔提出符号的任意性,虽然让符号不再承载意义,但却让我们去关注符号与符号之间的关系。索绪尔认为,符号的意义、价值实际上体现在符号与符号之间的关系中。之所以这样说,是因为符号是具有可区分性的(diacritical;diacritique),符号之间是相互区别的。"语言中只有差别……语言系统是一系列声音差别和一系列观念差别的结合,但是把一定数目的音响符号和同样多的思想片段相配合就会产生一个价值系统,在每个符号里构成声音要素和心理要素间的有效联系的正是这个系统"②。

正是因为符号之间的区别,符号才具有可区分性,才会在各种符号构成的系统中产生价值和意义,语言的意义才得以产生。同样以下棋为例,单个的棋子本身并不是下棋的要素,它只具有纯物质性,离开了在棋盘上的位置和其他下棋的条件,棋子对于下棋的人来说不具有任何意义③。就正如离开了语言的结构和系统,单个的符号不具有任何意义一样。符号的意义是由它所属的符号的集合中的位置决定的。所以说,语言符号的意义既不再说话者那里,也不在事物中,甚至不在符号中,而是在它们之间的空间中产生,"意义不是像黄油在面包片上……而是词语链之所有差别的整体"④。

---

① 费尔迪南·德·索绪尔:《普通语言学教程》,高名凯译,商务印书馆 2003 年版,第 103 页。
② 费尔迪南·德·索绪尔:《普通语言学教程》,高名凯译,商务印书馆 2003 年版,第 167 页。
③ 费尔迪南·德·索绪尔:《普通语言学教程》,高名凯译,商务印书馆 2003 年版,第 155 页。
④ 梅洛-庞蒂:《可见的与不可见的》,罗国祥译,商务印书馆 2008 年版,第 192 页。

尽管符号具有任意性,但符号与符号之间是相互区别的,符号具有可区别性。正是由于符号的可区别性,才使得符号的意义得以产生。语言的意义和价值正是在符号系统的相互区别中,在符号与符号之间的区分中产生的。索绪尔语言学的这一贡献对于梅洛-庞蒂的影响是尤其深远的。不仅影响了他的语言现象学,甚至影响和塑造了梅洛-庞蒂后期的哲学思想。

三、意义与价值

梅洛-庞蒂认为,如同索绪尔所言,符号的价值和意义体现在符号之间,体现在符号与符号的差别之中。这似乎是一个难以接受的概念。因为常识认为,如果词语 A 和词语 B 没有一点意义,那么,人们就不能理解在它们之间能有意义比较。若要理解索绪尔的符号的可区分性,就必须从部分转到整体,理解索绪尔的整体的概念。梅洛-庞蒂认为,"在索绪尔著作中最重要的整体,不可能是如同语法书和词典描述的完整语言的明确和有联系的整体。他不把一种逻辑整体当作其所有组成部分都能从一个唯一概念推断出来的一个哲学体系的整体。因为他拒绝把任何非'区分'意义给予符号,所以他不可能把语言建立在肯定概念的体系上。他谈到的统一性是一种共存的统一性,相互支撑的拱门之组成部分的统一性"①。"拱门由不同的石块组成,它的形式就是各部分不借助黏合物而完美契合的整体,其中每一个元素都在组合的整体形状中占据一定的意义和位置。从此,意义不再诞生于符号之中,而是在它的外缘、在它的边际存在"②。

因此,梅洛-庞蒂认为,索绪尔意义上的整体,如同拱门的结构一样,是一种结合了有形的石块和无形的缝隙、边际的整体。这个整体不再仅仅看到实体性的东西,还关注到了无形的存在、实体与实体之间的关系、缝隙。这一点,实际上和梅洛-庞蒂早在《知觉现象学》时期的观点不谋而合。梅洛-庞蒂试图利用知觉重新找回我们与世界之间的自然的联系。这种自然的联系不是以科学的目光审视世界,而是用肉身化的知觉去感知世界。以这样的知觉去感知世界,那么世界进入我们知觉的,就不是并列的元素,而是一些整体③。如同抬头观看夜空中的繁星,以知觉去感知星空,此时我们所关注的,就不仅仅是闪烁的群星,还有群星之间的旷渺幽暗的空间。正因如此,"语言只有

① 梅洛-庞蒂:《符号》,姜志辉译,商务印书馆 2003 年版,第 45—46 页。
② 艾曼努埃尔·埃洛阿:《感性的抵抗——梅洛-庞蒂对透明性的批判》,曲晓蕊译,海峡出版发行集团、福建教育出版社 2016 年版,第 91 页。
③ 梅洛-庞蒂:《电影与新心理学》,方尔平译,商务印书馆 2019 年版,第 4 页。

通过符号的相互作用才能被理解,如果单独考察符号,那么每一个符号都是模棱两可的或无新意的,只有符号的结合才能产生意义"①。

索绪尔的研究表明,依靠最初的音位对立,儿童学会把符号与符号的边音联系(latéral)理解为符号与意义的最后关系。这种并非在符号之上,而是在符号旁边产生的意义,这种整体在部分中的接近,就如同建造佛罗伦萨大教堂穹顶的时刻一样。所以说,就语言而言,如果是符号与符号之间的边音关系使每一个符号本身具有意义,那么,意义就只能诞生于词语的相互关系以及词与词的间隙之中②。在这里,梅洛-庞蒂将索绪尔语言学中的边音关系,也即字间性(latéralité)概念提高到了非常重要的位置。语言的意义、词语的意义并非存在于单个词语本身,而是存在于词语与词语之间。正是从这个意义上说,词语和意义并不是我们以为的那种逐点对应,有时候,词语之间的空白也因词语与词语之间的联系而产生意义。例如"英语的 the man I love(我所爱的人)和法语的 L'homme que j'aime 意思完全相同。只是法语的关系代词 que 在英语中没有表达出来。索绪尔认为,实际情况是,关系代词不是通过一个词语表达出来的,而是通过在词语之间的空白进入语言的"③。所以说正在表达的意义不是词语与意义的逐点对应,而是一种融合于词语之中的边音的或间接的意义。

正是因为这样,梅洛-庞蒂认为,任何语言都是间接的或暗示的,也可以说是沉默。因此,对于梅洛-庞蒂来说,语言本质上是否定性的,它只存在于它所不是和它所显示的之间④。

正是通过对索绪尔的解读和阐释,梅洛-庞蒂开始突出符号之间、词语与词语之间的边际的重要性。于是,我们在看群星的时候,也会关注群星之间的广袤虚空,看林荫道的树木的时候,也会关注树木与树木之间的空间和间隙,我们看到具体的对象和存在的时候,也会留意对象与对象之间的边隙性的存在。这一点对于梅洛-庞蒂之后的法国思想界具有深远的影响。"马里翁和其他相近的思想家(包括列维纳斯),都对于那些既不能被描述为对象也不能被描述为存在的'某些非常奇异的现象'感兴趣,因为它们是不可思议的。这些奇异的现象包括列维纳斯的'他者'(other)、德里达的'延异'(différance),以及宗教经验的不可思议的上帝,等等"⑤。由此可见,自梅洛-庞蒂将索绪尔语言学引介到法国思想界以来,对于边际性、对于对象与对象之间的缝隙性的存在

---

① 梅洛-庞蒂:《符号》,姜志辉译,商务印书馆 2003 年版,第 50 页。
② 梅洛-庞蒂:《符号》,姜志辉译,商务印书馆 2003 年版,第 47—49 页。
③ 梅洛-庞蒂:《符号》,姜志辉译,商务印书馆 2003 年版,第 51 页。
④ Emmanuel Alloa, *Resistance of the Sensible World*, Trans. by Jane Marie Todd, Fordham University Press, 2017, p.47.
⑤ Gary Gutting, *Thinking the Impossible——French Philosophy since* 1960, Oxford University Press, 2011, p.160.

的思考,已经成为一种潮流,已经成为一种新的看的方式。因此,如前所述,研究梅洛-庞蒂与索绪尔之间的关系,不仅是理解梅洛-庞蒂思想发展的关键,也是理解梅洛-庞蒂之后法国思想中的语言哲学、语言学、符号学、文学、美学等诸多复杂理论问题的关键。梅洛-庞蒂对索绪尔语言引介和阐释,无论对于其自身的现象学思想,还是对于其后的法国思想界,都产生了深远的影响。

沃格林论灵知主义与现代性
——以清教革命为例

王双洪[①]

　　18世纪以来,西方社会不断出现论述西方没落的著作,其中,不乏分析透辟者。但是,吊诡的是还存在另外一种趋势,我们不得不承认,科技的发展,人类对于世界的改造,物质生活的便利与舒适等都处于不断进步的态势。当尼采宣布上帝被杀死,他道出了进步的代价便是精神的衰亡。沃格林对此有深刻的认识,他在自己的纲领性著作《新政治科学》中便提出了这个问题,一个文明如何能在进步的同时没落? 沃格林认为这是个棘手的问题,但同时,他又认为对现代灵知主义的分析,会在某种程度上为这个问题提供答案。[②] 沃格林著有大量的关于灵知主义的文章,"他用这个概念贯穿性地解释西方整个政治思想史,尤其用来解释西方现代性的起源"。[③] 为了让这个问题更容易理解,本文以《新政治科学》中关于清教革命的一章为切片,来观察沃格林如何通过清教革命来分析现代性的本质特征。

　　汉语学界原来将"灵知"翻译为"诺斯替",是英文 Gnostic 的音译,而这个英文单词又是与希腊文 γνσις 密切相关。"诺斯替"这个词因为音译的缘故显得尤为神秘,事实上,它就是希腊那句名言"认识你自己"中"认识"一词。诺斯替派对灵魂和世界的得救有自己独特的认识,同时这认识与理性的知识不同,是神秘的,属灵的,因此,后来 Gnostic 被顺理成章翻译为"灵知"。[④]

　　约阿希姆(Joachim Von Floris)被沃格林称为灵知派知识分子第一人,他对历史进程的解释破坏了传统的教会秩序。由于基督教的胜利,罗马帝国的多神教信仰时代宣告结束,之后,人要通过基督教超越于俗世之外的上帝恩典和至福愿景来为存在重新确立秩序。早期基督教的生命经验,建立在期待基督重临的王国末世论之上,但是,基督重临并未发生,王国的末世论逐渐发展为人之圆满的末世论。千禧年的喜讯是一种极

① 作者系北京市社会科学院副研究员,哲学博士。
② 沃格林:《新政治科学》,段保良译,商务印书馆 2018 年版,第 136 页。
③ 沃格林:《没有约束的现代性》,张新樟、刘景联译,华东师范大学出版社 2007 年版,第 2 页。
④ 约纳斯等:《灵知主义与现代性》,刘小枫选编,华东师范大学出版社 2005 年版,第 2 页。

具革命性的表达,届时,基督和他的圣徒们会统治世界。这种学说和传统的教会观念是冲突的,难道教会只是信仰者们暂时的共同体,一起等待此世得到救赎,期待历史终结?这个理论上的冲突在奥古斯丁那里得到了解决。沃格林称奥古斯丁具有高超的解释的力量和技巧。他消解了千禧年期待可能改变尘世历史结构的革命性要素,将千年王国解释为基督在此世教会中的统治。"教会成为了信仰基督教的圣徒和罪人们精神共同体",成为了上帝之城在历史中的代表,而社会权力组织则成为人的"属世"的代表。① 这样,基督教社会便通过这两种代表具备了属灵和属世的两种秩序。教会作为超越意义和此世存在两种代表,使得两种秩序并行不悖。在沃格林看开,这种秩序一直延续到12世纪末,当菲奥雷的约阿希姆将三位一体的符号运用到历史进程的解释时,奥古斯丁所确立的秩序开始遭到破坏。约阿希姆的思辨是关于灵魂和世界的另外一种知识,在约阿希姆那里,人类历史的进程恰好对应三位一体的三个位格,世界上最早的时代是圣父时代,基督降临之后是圣子时代,最后一个是圣子时代。每个时代都有三位领袖人物,前两位是开创者,接替他们的是时代的领袖本人。这三个时代属灵的经验渐次加强。

约阿希姆在他的三一神论中创立了一系列符号,而这一系列符号成了灵知主义的显著特点。首先,这套符号之一是前后相继的历史观;第二个符号是领袖;第三个符号是先知和新时代;第四个符号是共同体成员之间的友爱。沃格林在分析约阿希姆的理论符号的同时,也总结了作为灵知主义变种的现代种种意识形态与这几种符号共通的特征。他认为,人文主义者和百科全书派将历史分为古代、中世纪和现代,孔德的神学,形而上学和科学三阶段的划分,马克思原始共产主义、阶级社会、共产主义三阶段划分,无不与约阿希姆三个时代前后相继的历史观有共通之处。而中世纪、文艺复兴以及宗教改革中的圣灵式人物、属灵的人和新人则都是灵知主义中领袖的符号。先知和新时代的符号,则有世俗社会中灵知派知识分子与之对应,沃格林不无讽刺意味地称这类知识分子是现代文明的标配。② 约阿希姆式的前后相继的三段划分的历史观,是对历史意义的全新理解。柏拉图和亚里士多德那里,历史是循环往复的,奥古斯丁那里则区分了世俗历史和神圣历史,世俗历史仍然是在盛衰的节奏中变化往复,只是神圣历史才会取向一种末世的圆满,也就是说,人类的完美只有通过彼岸的恩典才能实现。但是,在约阿希姆那里,历史具有一种方向和目标,使得历史的完满作为一种确定性存在。沃格林说,这是一个"无论在古典还是正统基督教中都没有的理论问题"。③ 如果说古代的

---

① 沃格林:《新政治科学》,段保良译,商务印书馆2018年版,第116页。
② 沃格林:《新政治科学》,段保良译,商务印书馆2018年版,第119—120页。
③ 沃格林:《新政治科学》,段保良译,商务印书馆2018年版,第130页。

灵知是一种宗教文化,那么以约阿希姆为代表的,以及后来的灵知却把对神、对世界的把握逐渐转变为个人灵魂占主导的经验。在沃格林看来,后来的灵知有很多变种,比如智识性的灵知,沉思的灵知等。他们或者是通过思辨去把握存在的某类哲人,比如意志的灵知,他们或者在俗世中以变革者和革命者出现,满怀拯救人类和社会的热情。"灵知的经验决定了一种自成一类的政治现实的结构,中世纪的灵知主义与当代的灵知主义有一条渐进的变革路线相联系"。① 世俗主义的灵知是早期灵知经验的极端化,将上帝的灵拽入人自身,出现了后来一系列"超人"、"神人"、"新人",以及科学主义中的傲慢者。

沃格林认为现代性的本质是灵知主义的发展和生长。

> 灵知主义……赋予人以及他在世间的行动以末世论的圆满的意义,克服了信仰的不确定性。这种内在化在经验上越是进步,文明活动就越是成为一种自我救赎的神秘主义事业。基督教中曾经用来致力于生命之圣化的灵魂的精神力量,如今可以转向地上天堂的创建,这种创建更有吸引力、更实际、更重要,也更容易。②

沃格林十分清楚,他对灵知主义与现代性的分析,赋予了灵知主义与传统不同的含义。灵知主义运动在西方影响重大,对它的特点做一般意义上考察,沃格林认为难度很大,但是,如果尝试从某个时段、某个特定的民族区域着手,或许能让问题变得更加清晰。沃格林将宗教改革视为一次影响极为重大的灵知主义革命,因为这个运动深刻地改变了西方制度的结构。宗教改革之前的教会是统一的,灵知主义运动处于边缘,属于被压制的状态。而宗教改革之后,灵知主义开始在民族国家的政治制度层面发生影响。因此,沃格林在自己政治哲学纲领性的著作中,用一章的篇幅,以清教革命为例,来分析灵知主义与现代性的关联,而我们也能从中窥见当下种种意识形态、种种主义的灵知特点。

沃格林之所以选择英国的清教革命作为观察灵知主义的切片,还有一个原因。胡克(Richard Hooker)曾经在《论教会的政体》中,对清教徒和灵知主义大众运动的心理机制、思维特点做过精准的观察。从胡克的视角中,我们可以清晰地了解清教徒要做什么、怎么做,最后做成了什么。在胡克看来,清教徒首先要做的是树立起自己的道德形象。他们抨击社会,持续而激烈的抨击上层阶级的恶,这种表现让众人以为,疾恶如仇者定然是纯粹的、热诚的、圣洁的人。因为,在群众的眼里,只有善良的人才会对恶有如此强烈的反应。其次,在形象树立起来之后,这些人占据了道德的制高点,拥有了引导

---

① 沃格林:《新政治科学》,段保良译,商务印书馆2018年版,第133页。
② 沃格林:《新政治科学》,段保良译,商务印书馆2018年版,第137页。

群众的精神魅力。民众总是喜欢这类人。接下来要做的是,把大众的恶意集中对准政府。世上所有的恶,根源都在政府。如果一个政府确实有举措,但举措并不完美,他们就认为或者是政府举措产生的恶,或者是政府不作为而生的恶,哪怕是由于人性之脆弱、人性之恶而出现的种种错误和腐败,都可以归咎为政府。就这样,政府作为或者不作为,都是恶的根源所在。当他们通过归罪政府来为民众找到邪恶的产生的原因之后,这些人除了道德,还证明了自己智识上的优越,因为民众不会懂得将所有恶都归咎政府和现存制度。最后,清教徒告诉人们,根除恶,就必须建立一个崭新的国,建立一种全新的政体。当清教徒们把民众心中的不满激发出来,让他们陷入近乎癫狂的反抗时,清教运动需要的民众基础就具备了。

清教徒们接下来要做的是塑造民众的观念并加巩固。清教运动的领导者利用经典文献塑造自己的权威,同时以这种权威塑造清教徒追随者的观念。他们借助《圣经》,让自己的教义神圣化。清教徒在圣经中断章取义,选择与他们教义相关的章节,以牵强的解释将《圣经》与教义联系起来,同时对与教义不符或者矛盾的部分则有选择的忽视不见。清教徒说服追随者,他们之所以能读出其他人在《圣经》中读不出的东西,因为他们是被拣选者,清教徒将断章取义的错漏和牵强解释为圣灵的特殊启示。

清教徒追随者们具备天然的优越感,所有和他们相同的人都是"兄弟",和他们对《圣经》理解不同的人,都是没有被上帝选中的"俗人"。这种群体的优越感使得他们更愿意与和自己相同或者相似的人为伴,并且拒绝任何反对意见。理由是,他们是属神的,和他们不同的人则属于此世。清教运动的社会环境就这样一步步营造组织起来。他们不容许任何人怀疑他们的判断力,面对一切质疑,他们都会搬出上帝、搬出基督来回答,诸如上帝拣选愚蒙之人,使徒也曾被视为疯子之类,给他们自己的错误和不智蒙上所谓神性的光辉。如果这些人有可能或者不得不为错误付出代价,他们也会认为自己是为真理而受迫害。① 总之,这种类型的人给自己笼罩上一层神性和神圣的外壳,似乎一切理性之物都无法撼动它,恰如沃格林在后面说的,和清教徒争论是没有用的,因为他们不讲道理。

清教能成为一场"运动",或者成为"一场革命",是因要为开始时有一个干一番"事业"的人。什么是清教徒的"事业"?沃格林虽然引用胡克的说法,也并未做出专门的解释。我们只能在字里行间捕捉到蛛丝马迹,加以连缀和补充。清教徒的"事业"就是企图通过努力,也许是狂妄的努力,建造一个地上的天国,一劳永逸地解决人类的根本问题。或者说,他们创造一种新的理论,借此将旧世界刷新。目的是改变人的本性,建

---

① 沃格林:《新政治科学》,段保良译,商务印书馆 2018 年版,第 144 页。

立一个改造过的社会。作为个人,每个人个体的生命都存在生而有之、人之为人的一些问题。作为政治共同体,也必然存在因为人性、因为政治本性而天然存在的恶,或者说不足。人是有限的,人的存在与认知也有限度,人及其共同体必然要为这种限度承受自然的、人世的不确定性,忍受存在的焦虑与不安。在传统中,希腊哲学,犹太教和传统基督教都揭示了这种有限和不确定,并引导人们接受它,与这种有限性及不确定性共存。清教徒们彻底与传统决裂(也许在开始的时候披着传统基督教的外衣),要创造一种新的真理,建造一个新的世界。

清教徒的事业根源并不在《圣经》,而恰恰是与《圣经》的立场迥然不同的东西。这是胡克给清教徒事业的断语。① 显然,沃格林深以为然。他并不承认清教运动是基督教的运动,原因很简单,清教革命的政治行动与《圣经》毫无关系。沃格林以一本写于17世纪的小册子《锡安荣耀泛览》为例,进一步表明清教革命与《圣经》根本的差异。小册子的作者在旧世界结束在即、新世界行将来临情绪中,鼓励群众要付诸行动,提出上帝虽然是新世界来临的最终原因,但是人们可以使之加速到来,他们都要向末世的罪恶投掷石块。除了宗教意识的变革,清教徒最终还要改革法律和经济制度,这是一种开始革命的政治行动主张。沃格林指出,《新约》中没有任何一段话,可以提炼出此种主张。即便是《启示录》中对撒旦的惩罚,也由天使来实施。清教革命中,即便承认上帝是新世界到来的最终原因,但是最终改造社会的是人,而非上帝的恩典,他们此时此世就做,用人的努力取代上帝的行动,确信他们能够加速新世界的到来,并坚信假人之手可以完成上帝的工作。清教徒认为,"人人皆祭司",每个人都可以直接与上帝交流,不需要教会。每个人都有神召,每个人在现世的努力都是敬拜,世界就是他们的修道院,追求财富是为了做好上帝在尘世的托管人。他们将上帝拽入人之中。但是如果人人都可以直接和上帝交流,如何能保证他们能听到相同的声音,这难道不会引起混乱吗?

清教徒的"宝书"避免了上述可能出现的混乱。所谓"宝书",是阿拉伯语中的koran一词的意译。在伊斯兰教中,《古兰经》是唯一的真主启示录,是安拉的训示,是最高的且唯一经典。既然如此,有《圣经》在,清教徒的"宝书"又是怎样的?

首先,清教徒的"宝书"采用《圣经》的语言系统提出一套新说。其特点是,仅仅用了《圣经》的语言系统,但事实上却是在关键之处断章取义、取己所需,有选择地忽视与清教教义并不吻合的地方。另外一个特点是"新",清教徒们深信,这是一个全新的真理,有了它,之前所有的阐释和文献变得毫无必要,这套可靠的真理是对《圣经》的正确导读。"宝书"的成书是以《圣经》为伪装的,忽略或者偏离了15个世纪以来提出的解

---

① 沃格林:《新政治科学》,段保良译,商务印书馆2018年版,第144—145页。

经传统和原则。宝书与既有的知识传统决裂，重新创造一个新的真理和一个新的世界。沃格林称加尔文的《基督教原理》是"第一部刻意创作的灵知主义宝书"，但它不是最后一本。后来西方历史的每一波运动，都会产生新的宝书。百科全书派的《法兰西百科全书》、孔德的实证主义著作、共产主义运动中的马克思、列宁—斯大林的经典文献。这些文献无不是对人类知识的总结、陈述和超越，无不提出一个人类智慧、制度的最高阶段。

其次，既然"宝书"是对真理的经典编纂，那么对于宝书是有批判禁忌的。清教运动的信徒成员不会去触碰与他信仰不符的理论。这种禁忌，在宗教改革之后，无疑会是古典哲学和经院神学。如果探究古典哲学、经院神学，或者以它们为理论根底与灵知主义的清教徒论辩都是不可能的，因为这些都是被禁止使用的工具。

清教的"宝书"是教化俗人大众的。关于存在问题的争论只适合在智识水平上能胜任的人，大众只需要接受"宝书"中教义、真理即可，关于真理的论证不适合民众。在传统基督教中，教会和教士阶层是民众和上帝沟通的介质，诸如人在历史与社会中的存在意义这样的问题，并不对民众敞开。但清教运动提出了"人人皆祭司"，每个人都能直接和上帝沟通，每个人都有自己的上帝，每个人都能通过勤勉的劳作获得成功。所有的俗人大众都可以讨论对上帝恩宠的理解，都可以对存在意义进行理论的探讨。于是，社会中会产生大量自以为真理在握、意见纷呈的民众或者智识人。清教的宝书告诉民众，他们的新真理在握，有能力改变既存社会的公共秩序。他们的行动可以在这个世界建立一个上帝的王国，民众的信仰从对完美世界的期待变成了完美本身，这种完美本身可以作为公民社会的替代物。

沃格林在引入胡克的视角之后，又分析了霍布斯对清教革命的态度。清教运动影响到了既有的社会秩序。政治社会的存在，有它要维持的既定秩序，但有人以新真理的名义要改变秩序，甚至这新真理带来的可能是暴力的改变。霍布斯认识到，清教灵知主义中的革命激情极具破坏性，几乎要摧毁所有民族政治社会的存在秩序。他对这个问题的态度极为简单，他认为存在一种作为真理的、不容置疑的社会秩序，在这个真理之外不可存在其他任何真理。霍布斯直接否定了清教灵知主义所谓的真理，提出除了维护一个社会和平与和谐的法律之外，不存在任何真理；任何导致混乱失序的意见和学说都是错误荒谬的。因为他们所谓的真理导致的是失序和混乱。霍布斯所说的"法律"是世俗政府的强力。这是霍布斯发明的公民神学。

霍布斯的逻辑是，人的理性指令让人倾向于和平，追求尘世的幸福，而个人的激情在世俗政府的强制之下，才能彼此保持克制，产生秩序。他把理性指令与上帝的命令划等号，继而又把神法、自然法和国法等同起来，在一个人们立约服从的政治社会中，合而为一的自然法和国法就成了唯一的真理。① 不管是《圣经》正典,还是有关正典的各种学说和诠释,都要获得主权者的授权,这其中,当然将清教徒的"宝书"也包含在内,不过,它已不属于真理,而是意见。在霍布斯的逻辑中,关于存在的真理,没有争论的余地和理由。主权者有权审查所有意见和学说,这种审查是保持和平状态必须要做的事。② 霍布斯"利维坦"这个符号,就是应对清教危险时提出的。他的原则是,《圣经》的正确性应该取决于政府的裁断,应该经过主权者的审查,固执己见的清教徒会受到清洗,作为革命的工具的"宝书",经过审查后,才能纳入建立公共秩序的渠道。

在沃格林看来,霍布斯对清教革命的理解,是对公共秩序问题的理论性重述。霍布斯《利维坦》中提出的理论失之简单,但恰恰是这种简单让问题变得更为明晰。霍布斯应对清教革命破坏传统秩序时的做法同样危险,他理论中存在的问题、犯下的错误可能与清教革命有着相同的实质。霍布斯将爱上帝从灵魂真理中剔除,让自爱成为现代政治激进力量的基础。这种人不断奋斗,超越自身,为取得公共成功而奋斗,他们在智识和精神上没有方向,灵魂是没有秩序的,或者说,生命不能靠灵魂趋向至善而获得秩序,只能靠对至恶的恐惧来获得。霍布斯面临的问题是,孤独的个人组成的集体如何创建社会秩序。③ 霍布斯对于灵魂真理漠不关心,这种做法和清教灵知主义对社会真理的漠不关心异曲同工。霍布斯的错误是取消社会真理与灵魂真理之间的紧张与平衡,实质恰恰也是灵知主义错误的一部分。霍布斯同样有着灵知主义的企图,他想通过一套全新的、毫无争议或者说不容争议的理论,建立一个崭新的国,一个历史终结于此、永远存在的最终的国。

无论是清教革命,还是霍布斯应对清教革命的方案,无不包含着一种革命的激情。这种激情对政治秩序或灵魂秩序有着摧毁性的破坏。在沃格林那里,历史的秩序即是秩序的历史,每个社会都根据自身情境而负有创建并维持秩序的责任。这种秩序,在很大程度上要借助灵魂真理和社会真理的张力和平衡而达成。现代性中将神拽入人之中的冲动,以及将人改造为新人、超人,改造为信奉各种"主义"、真理在握的智识人的自负,无疑会造成精神的失序,随之而来的便是政治社会的失序。以各种面目出现的灵知主义要做的无不是想一劳永逸地解决永恒存在的紧张关系——这种紧张,在柏拉图的《理想国》和《法义》当中存在,在传统的基督教和多神教中存在。灵知主义的智识人以灵魂真理的普世观念,忽视掩盖人类不同生活理想的不可调和,以及他们之间的价值冲突,这种精神运动造就了大批非政治的政治人;当灵知主义的智识人要以新的社会真理

---

① 霍布斯:《利维坦》,黎思复、黎廷弼译,商务印书馆 1997 年版,第 108—122 页。
② 霍布斯:《利维坦》,黎思复、黎廷弼译,商务印书馆 1997 年版,第 137 页。
③ 沃格林:《新政治科学》,段保良译,商务印书馆 2018 年版,第 186—193 页。

的名义改变社会时,他们要把对完美的认知变成完美本身,导向的是无差别的人的解放,这就会造就极端政治的政治人。无论如何,这两者都不是健康的共同体所需要的。或许,这些灵知人的涌现加速了精神的没落,沃格林认为,一个文明确实可以在进步的同时没落,但他报以乐观态度,"或许并非永远如此","西方古典的和基督教的传统依然健在,建设对灵知主义一切变种的精神上和智识上的抵抗……重建一门关于人和社会的科学",①是他能想到的应对之道。但是,或许这种重建只是对存在之真理的补充而非替换,是对传统的回归,是对无法解决、亘古存在的问题的敬畏和审慎。

---

① 沃格林:《新政治科学》,段保良译,商务印书馆 2018 年版,第 139、171 页。

陈康的希腊哲学研究及其问题意识

王玉峰①

在陈康之前,虽然希腊哲学的一些内容已经传入中国,也有一些希腊哲学著作的翻译和研究,但是系统地、专业地研究希腊哲学,在中国是从陈康开始的。本文希望通过勾勒出陈康在希腊哲学研究方面的主要问题意识,并把它们放到更为广阔的西方柏拉图主义、亚里士多德主义传统中,使人们更清楚地看到陈康的工作和贡献。

陈康 20 世纪 30 年代到德国学习,1940 年取得博士学位,1940 年冬回大陆任教,1948 年底到台湾,1958 年后到美国开展研究工作,1992 年病逝于美国弗吉尼亚州的公寓,享年 90 岁。可以说,陈康一生辗转于欧洲,中国大陆、台湾和美国,其学术生命长达 60 余年。陈康重要的学术著作有三部,一是他的博士论文《亚里士多德论分离问题》(Das Chorismos-Problem bei Aristoteles,1940),一是《〈巴曼尼得斯篇〉译著》(1942),二是晚年的《智慧:亚里士多德寻求的科学》(Sophia:The Science Aristotle Sought,1976)。他的一些重要论文被收录在《陈康:论希腊哲学》(汪子嵩、王太庆主编,商务印书馆 1990 年版)。

总的来看,陈康的希腊哲学研究还是有着比较固定的研究范围的。他主要专注于柏拉图和亚里士多德哲学的研究,而不是苏格拉底以前的早期自然哲学,另外他对柏拉图主义的老对手伊壁鸠鲁学派兴趣不大。而在柏拉图和亚里士多德哲学中,陈康主要专注于他们的形而上学和知识论,对政治哲学部分很少关注,他的著作很少谈论政治和伦理话题。

陈康的研究方法是有一个历史的变化的。研究柏拉图和亚里士多德哲学,一般有两种不同的方法,一种是系统论的方法,一种是发生学的方法。系统论的方法认为柏拉图和亚里士多德的哲学都是一个内在融贯的体系,不存在矛盾。而发生学的方法则认为,柏拉图哲学或者亚里士多德哲学有一个历史的发展过程,因此在不同的历史阶段会有不同的,甚至是矛盾的观点。陈康在写作博士论文期间主要受他的老师哈特曼影响,倾向于"系统论"的方法,他努力证明柏拉图和亚里士多德在"分离问题"上观点的一致

① 作者系北京市社科院哲学所副研究员,副所长,哲学博士。

性。20 世纪 40 年代到 50 年代初期,他主张应该把哈特曼和耶格尔的方法结合起来,也就是综合"系统论"和"发生学"的方法来研究哲学问题;20 世纪 50 年代中后期以后逐渐转向耶格尔"发生学"的方法。

陈康一生著述甚丰,在不同的著作和文章中分别讨论了很多不同的问题。但是,我们仍然能够可以从中梳理出陈康特别关注的一些问题。在博士论文期间到撰写《〈巴曼尼得斯篇〉译注》前后,他特别关注"分离问题";20 世纪 50 年代,他特别关注亚里士多德本体论中"第一本体"到底是"个别物体"还是"相"的问题。晚年则关注亚里士多德的"存在论"和"神学"关系问题,陈康认为形而上学是研究"存在之存在"的,因此是一门普遍科学,但是"神"又是个别的,这样似乎在"存在论"和"神学"之间就存在一个"普遍"和"特殊"的矛盾。鉴于我个人的学识和篇幅的原因,今天我们主要集中讨论前两个问题,以及他的《〈巴曼尼得斯篇〉译注》中的一些问题。

一、"分离"($\chi\omega\rho\iota\sigma\mu\acute{o}s$)问题

陈康非常注重"分离"($\chi\omega\rho\iota\sigma\mu\acute{o}s$, separation)问题,他的博士论文就是《亚里士多德论分离问题》,而他的《〈巴曼尼得斯篇〉译注》的一个重要内容也是着力解决"相"的分离问题的。

"分离"($\chi\omega\rho\iota\sigma\mu\acute{o}s$)是柏拉图和亚里士多德哲学中的一个重要问题。在柏拉图看来,"相"(Eidos, Idea)是高于可感事物而独立存在的,相反,可感事物需要依赖于"相",它们只能"分有""相"而获得其存在。这样,"相"由于能够自己独立存在,它们便是"可分离的",它们和"可感事物"也是"分离的"。由于"相"和"可感事物"的分离,便带来了一系列问题。这些问题我们可以从柏拉图自己的《巴门尼得篇》第一部分,以及亚里士多德的《形而上学》第一卷第九章等段落中看到。[①] 亚里士多德也是把"可分离的"看作是"本体"(oσ 0 $\alpha\cancel{Z}$, substance)的一个根本性标准。在《范畴篇》中,他把"本体"看作是"不在一个主体(πo$\kappa\varepsilon$ 0 $\mu\varepsilon$vov, subject)中"的存在。[②] 在《形而上学》中他也重复了这个观点,他否认"质料"($\lambda\eta$, matter)是"本体"的一个重要理由就是它不具有"独立性"($\chi\omega\rho\iota\sigma\mu\acute{o}s$)和"个别性"($\tau\acute{o}\delta\varepsilon\tau\iota$)。[③] 因此,在柏拉图和亚里士多德那里,所谓"可分离的"一个重要涵义就是指"本体"(ousia)是不依赖于其他东西,能够独立存在的。

---

① [古希腊]亚里士多德:《形而上学》,吴寿彭译,商务印书馆 1997 年版,990b—993a。
② [古希腊]亚里士多德:《范畴篇》,方书春译,商务印书馆 2003 年版,z3a7—10。
③ [古希腊]亚里士多德:《形而上学》,吴寿彭译,商务印书馆 1997 年版,1029b28—30。

陈康的博士论文是专门讨论"分离"问题的。他的博士论文分为两个部分,第一个部分是讨论柏拉图哲学中的"分离"问题,第二个部分则讨论亚里士多德哲学中的"分离"问题,其侧重点在于第二个问题。在这篇论文中,陈康以"自足"(autarcheia/ self-sufficiency)来解释"分离"。陈康的这个看法无疑是非常正确的,也是非常传统的一种观点。在讨论亚里士多德的"分离问题"时,他具体地把"分离"分为三大类,分别是"存有方面的自足","定义方面的自足"和"思想或认知方面的自足",三大类又具体细分为16 个具体的分离问题。①

但是,在陈康看来,柏拉图和亚里士多德其实并不主张"相的分离"。他认为亚里士多德批评的那种"相的分离"不是柏拉图本人的观点,而是学园内部某些人的看法,柏拉图本人对此也有批评。② 陈康在这个阶段由于坚持系统论,因而认为亚里士多德在"分离问题"上和他的老师是一致的,亚里士多德在这个方面其实是一个柏拉图主义者。陈康的一些论断和传统的漫步学派,新柏拉图主义的看法还是有所不同的,因为传统上一般认为柏拉图的、超越的"相"乃是理智领域的"实体",它是能够自足地独立存在的,因此也就是"可分离的"。柏拉图称每一个这种意义上的"相"自身都是"单一的"。③ 它们不同于存在于每一类事物之中,作为事物一般本质的"共性";也不同于存在于我们思想里的,作为观念意义上的"共相"。第一种意义上的"相"它们是可以独立存在的,可分离的,它是后两种"相"的"原因",而后两种意义上的"相"则不是"可分离的",不能够独立存在。④

陈康博士论文中所坚持的一些观点,在他的《〈巴曼尼得斯篇〉译注》中仍然可以看到。《〈巴曼尼得斯篇〉译注》很重要的一个问题其实也是要解决"相的分离问题",尤其是"相"和"可感事物"的"分离"所带来的一系列问题。陈康认为柏拉图在《巴曼尼得斯篇》中放弃了"相的分离"的观点,认为"相的结合"会产生具体事物。

> "其他的"的存在正在于"相"的聚集,换句话说,"相"的结合构成了事物。……这种对于"相"的新看法,特点就在于化物为"相"。……现在一切都归于"相"的联结。问题不再是事物怎样分有"相",而是"相"怎样互相结合。因此分

---

① 陈康:《〈亚里士多德论分离问题〉一书提要》,见《陈康:论希腊哲学》,汪子嵩、王太庆主编,商务印书馆1990 年版,第 245 页。

② 陈康:《〈亚里士多德论分离问题〉一书提要》,见《陈康:论希腊哲学》,汪子嵩、王太庆主编,商 务印书馆1990 年版,第 245—246 页。

③ 柏拉图:《理想国》,顾寿观译,岳麓书社 2010 年版,476a,507b。

④ Proclus 对 eidos 层次的划分,有超越的形式,灵魂中的形式,自然中的形式和感性事物中的形式。以及 Eidos 可以分为最普遍的,最特殊的,以及中间的。分别参见 Proclus,627,722.Simplicius 把普遍者分为:超越的共相,存在于事物中的"共相",还有观念意义上的"共相",参见 Simplicius,69,1—71,2 以及 82,35—16 等。

有问题已经变成了"相"的联结问题。……第三组推论得出的结论是:事物无非是一个"相的集合体"。①

陈康这里的观点是相当前卫,相当反传统的。因为比较传统的解释是"相"与"可感事物"分属于两个不同的世界,一个存在于理智的世界,一个在可感世界中。可感的事物尽管可以"分有"不同的"相",但是"物"却不可能化为"相","相"的结合也不会变成可感的具体事物。比如普罗科勒斯(Proclus)就认为:"每一个 相(Forms)既是一(unity)又是多(multiplicity)"。② 它们互相结合,但是又能够保持其单一性,这正是理智领域的"相"与可感事物不同之处。Proclus 的这个观点基本是代表了传统的新柏拉图主义的观点。陈康的见解显然是与新柏拉图主义大相径庭的。关于陈康对《巴曼尼得斯篇》的注释,和新柏拉图主义的其他重要差别,我们后面还会再谈。

二、"个别物体"还是"相":亚里士多德哲学中"第一本体"的差异问题

亚里士多德在《范畴篇》第五节中将严格意义上的"本体",也就是"第一本体"界定为"既不谓述一个主体,也不在一个主体之中的东西。例如个别的人和个别的马"。但是在《形而上学》等著作中,他又把"相"看作是"第一本体"。这样就产生了一个困惑:亚里士多德的本体论中是否存在一种矛盾?

陈康非常重视这个问题,他前后至少有两篇重要论文专门论述这个问题,分别是《从发生观点研究亚里士多德本质论中的基本本质问题》(1952 年),《亚里士多德〈形而上学〉Z 卷和 H 卷中的第一本体概念》(1957 年)。另外,他还有一篇论文《亚里士多德〈范畴篇〉中的本体学说》(1958 年)也谈到这个问题。总的来看,陈康这几篇文章前后观点没有什么区别,都是用"发生学"的方法来解释亚里士多德哲学中的这个困难。

在陈康看来,《范畴篇》属于亚里士多德的早期思想,而《形而上学》Z 卷和 H 卷则属于他晚期思想,早期和晚期思想是不同的。在早期《范畴篇》阶段,亚里士多德把"个别物体"看作"第一本体",而后期则把"相"看作"第一本体"。在陈康看来,"第一本体"有两个标准,一是"可分离的"(可以独立存在的),一是它是"这一个"(个别性)。他在《从发生观点研究亚里士多德本质论中的基本本质问题》中详细叙述了"第一本体"的这两个特征是如何从"个别事物"过渡到"相"身上的。

---

① 陈康:《〈巴曼尼得斯篇〉译注》,附录二,商务印书馆 1997 年版,第 404—405 页。

② Proclus, *Proclus's Commentary on Plato's Parmenides*, translated by Glenn R.Morrow and John M.Dilon, with Introduction and Notes by John M.Dilon, Princeton University Press, 1987, pp.762—765.

陈康使用"发生学"的方法,固然能使其研究成一家之言。但是,对于他所批评的"系统论",尤其是新柏拉图主义的观点似乎缺乏有力的回应,甚至可以说,他其实并不太了解历史上新柏拉图主义对这个问题的看法。陈康曾经这样说道:

> 有一件十分足以惊异的事,就是在亚里士多德的本质论里有一个异常显著,即待解答的问题,然而由古代直至现在,从未有人提出过它来,更谈不到解答的尝试,甚至满意的解答了。凡是比较仔细阅读亚里士多德著作的人,不难见到这位哲学家的本质论见于《范畴篇》第五章中的和《物理学以后诸篇》第七第八两卷中的关于基本本质一点互相矛盾。在《范畴篇》中他认为个别物体,譬如个人,赵大,是基本本质;"埃多斯"(είδός 此处作种类的种解)和"格诺斯"(γένος,此处作种类的类),譬如人种的种,动物类的类,是次级本质。在《物理学以后诸篇》第七卷里他却认为"埃多斯"高于个别物体,个别物体次于"埃多斯",甚至直接称"埃多斯"为基本本质。这一个矛盾现象直接呈现在那些著作的读者面前,然而竟无一人认明它的重要,将它作为亚里士多德研究中的一个严重问题。①

其实这个问题一直是新柏拉图主义者们非常重视的一个问题,从柏罗丁,波斐利以降,杨布里奇(Iamblichus),德克斯普斯(Dexippus),阿莫纽斯(Ammonius,AD435/45－517/26,Proclus 的学生)和辛普里丘(Simplicius)等新柏拉图主义者均对此有过专门的讨论。新柏拉图主义者们是通过区分两种不同的"优先性"来解决这个问题的。在《物理学》中亚里士多德谈到研究方法时提到,有两种不同的"优先性",一种是"对我们而言的优先性",一种是"自然上的优先性"。② 新柏拉图主义者们认为,在《范畴篇》中可感的个别事物作为"第一本体",它的优先性仅仅是"对于我们而言的",也就是对我们的认识而言,我们总是首先认识到个别的事物,然后才认识普遍的事物。但是普遍的"相"(Eidos)它作为"第一本体"是"自然上的优先性"。波斐利以降的新柏拉图主义者们均认同这种解释。辛普里丘在其对亚里士多德《范畴篇》的注释中,总结了历史上对这个问题的所有六种观点。③

陈康说这个问题两千年来无人提出来,也无人解决,这显然不符合历史的事实。新柏拉图主义这种"系统论"的解释具有很大的合理性,它一方面解决了亚里士多德哲学中的这个"矛盾";另一方面也调和了柏拉图主义和亚里士多德主义的形而上学,从而

---

① 陈康:《从发生的观点研究亚里士多德本质论中的基本本质问题》,见于《陈康:论希腊哲学》,汪子嵩、王太庆编,商务印书馆 1990 年版,第 247 页。该文中陈康把"ousia"翻译为"本质"。

② [古希腊]亚里士多德:《物理学》,张竹明译,商务印书馆 2009 年版,184a17－21。

③ Simplicius,*On Aristotle Categories*,84,17－85,2 translated by Frans A.J.de Haas and Barrie Fleet,London:Duckworth,2001.也参见薄林:《〈范畴篇〉笺释》,华东师范大学出版社 2014 年版,第 248—250 页。

维护了哲学真理本身的统一性。而"发生学"方法则要承担相应的哲学家有"不成熟时期作品"和前后"相互矛盾"的后果。

三、《〈巴曼尼得斯篇〉译注》的一些问题

《〈巴曼尼得斯篇〉译注》不仅仅是陈康一部单纯的翻译作品,也同时是他的一部研究专著。《巴曼尼得斯篇》是柏拉图最重要的哲学作品之一,也是最难懂的一部作品。在新柏拉图主义看来,它和《蒂迈欧篇》一起被看做是柏拉图哲学的两座顶峰(summit)。要学习它们,必须先循序渐进地学习另外十部对话录,它们依次是:《阿尔西比亚德 I》(Alcibiades I)、《高尔吉亚篇》(Gorgias)、《斐多篇》(Phaedo)、《克拉提鲁篇》(Cratylus)、《泰阿泰德篇》(Theatetus)、《智者篇》(Sophist)、《政治家篇》(Statesman)、《斐德若篇》(Phaedrus)、《会饮篇》(Symposium)和《菲利布篇》(Philebus),这是根据其目标(skopoi)或者主题而排序的,形成了所有哲学分支的一个完整课程,它是从对自己的知识(《阿尔西比亚德 I》)开始一直到对善本身的知识(《菲利布篇》)。① 可以看到,《巴曼尼得斯篇》的重要性是不言而喻的,传统上认为这部对话录包含了关于柏拉图哲学的最高真理。

陈康认为这部对话录的目的是"拯救现象"。该篇对话录分为两个部分,第一部分是提出了关于"相"的许多疑问,另一部分则由多组推论(Hypotheses)构成。陈康把后半部分的推论分为 8 组,认为四组结论是肯定性的,四组是否定性的。陈康认为柏拉图在这部对话录中放弃了"相"与"事物"相分离的观点,提出了"化物为相"的主张,从而解决了由分离问题而带来的诸多困难。

《巴曼尼得斯篇》是一部非常复杂和困难的作品,陈康的"译注"仍然是目前可以看到的中国学者对这部艰深作品的唯一研究性专著。陈康以巨大的力量处理了这部"最难懂的"柏拉图哲学作品,其精神令人钦佩。在其"序"中,陈康也表达了这样的抱负:

> 现在或将来如若这个编译会里的产品也能使欧美的专门学者以不通中文为恨(这绝非原则上不可能的事,成否只在人为!),甚至因此欲学习中文,那时中国人在学术方面的能力始真正的昭著于全世界;否则不外乎是往雅典去表现武艺,往斯巴达去表现悲剧,无人可与之竞争,因此也表现不出自己超过他人的特长来。②

在西方《巴曼尼得斯篇》研究历史上,流传下来的最重要的一部评论是新柏拉图主

---

① See *Proclus' Commentary on Plato's Parmenides*, "General Introduction" translated by Glenn R.Morrow and John M.Dilon, with Introduction and Notes by John M.Dilon, Princeton University Press, 1987, p.xxxvii.

② 陈康:《〈巴曼尼得斯篇〉译注》,商务印书馆 1997 年版,"序"第 10 页。

义普罗科勒斯(Proclus,公元 412—485 年)的《柏拉图〈巴门尼德斯篇〉注释》,该注释不仅仅包含了他自己的见解,也包含了他对于波斐利(Porphyry)、杨布里奇(Iamblichus)和希然纽斯(Syrianus)等注释家们的批评,这部注释它跟新柏拉图主义其他注释作品一样,均是从头到尾一字一句的注释,注释篇幅至少是正文的几十倍,水平极高,具有重要的思想意义。在这里,我们当然不可能把陈康与普罗科勒斯解释的异同全都罗列出来,以下我们只提几个显要的问题,以供大家参考和判断。

1.关于《巴曼尼得斯篇》的主题。无论是陈康还是普罗科勒斯为代表的新柏拉图主义者们,均认为《巴曼尼得斯篇》是一部形而上学作品,而非一种单纯的逻辑训练。但是普罗科勒斯认为,《巴曼尼得斯篇》的主题既是"太一"也包括从"太一"而产生的一切事物。① 第二部分的那些推论,前三组主题虽然谈的都是"一",它们是在不同的层面上谈的。"一"有不同的含义,第一组推论谈的是超越"Being"的"太一"(One),第二组则是与"Being"相结合的"一"(One-Being),第三组则是低于"Being"的"一"。② 但是陈康对"一"并没有做出这种区分。这就带来了一个明显的差异,普罗科勒斯等新柏拉图主义者们认为超越的"太一"是最高的,因此第一组推论的结论是肯定性的,这是柏拉图的"否定神学",但是陈康则否定第一组推论的真实性,不承认有所谓的"否定神学"。

2.关于第二部分推论的数目及内容。陈康认为第二部分的推论可以分为八组,普罗科勒斯则认为是九组。关于第二部分推论的数目,在古代就有争议。比如 Amelius 认为是八组,波斐利(Porphyry)和杨布里奇(Iamblichus)均认为是九组。普罗科勒斯在注释中对他们的观点进行了详细分析和批评,他认为波斐利(Porphyry)和杨布里奇(Iamblichus)把推论分成九组在数目上是对的,尽管他不尽认同他们对这九组推论的主题的看法。③ 在普罗科勒斯看来,这九组推论分别是:

> 在第一组推论中,它探讨了超越于"存在"(Being)的"太一"(One)与自身,和其他事物的关系;在第二组中,是存在(Being)相结合的一(One);第三组是低于存在的一,它与自身,以及其他事物的关系;第四组是分有了一(One)的"其他事物"(others),它与自身以及其他事物的关系;第五组,并不分有一的其他事物,它们与自身以及与一的关系;第六组,我们探讨一,如果它并不存在,是在以这种方式存在而不是以那种方式存在的意义上,它与自身以及其他事物的关系;第七组,一如果不存在,是在绝对不存在的意义上,它与自身和其他事物的关系;第八组,其他的事物,当它们不存在,是在以这种方式存在以那种方式不存在意义上的,它们与自身

---

① Proclus, *Proclus' Commentary on Plato's Parmenides*, pp.638-645.

② Proclus, *Proclus' Commentary on Plato's Parmenides*, p.1039.

③ Proclus, *Proclus' Commentary on Plato's Parmenides*, pp.1052-1055.

和一的关系;第九组,其他的事物,如果它们不存在,是在绝对不存在的意义上,它们和自身以及一的关系。①

可以明显地看来,陈康和普罗科勒斯对第二部分每一组推论的具体划分是不同的。

3.关于结论。在普罗科勒斯看来,这九组推论中,其前五组的结论是肯定性的,后四组的结论是错误的。② 而陈康的判断是,第一、四、六、八组仅仅是思想上可能,实际是不可能;第二、三、五、七组则不仅仅思想上可能,实际上也是可能的。普罗科勒斯认为整部对话录是强调"一",尤其是超越的"太一"的真实性,以及它对于"存在"和"其他事物"的决定性作用。而陈康不承认柏拉图的"否定神学",还认为柏拉图放弃了分离的"相"论,主张具体事物不过是"相的集合"。

因此,无论是关于《巴曼尼得斯篇》整部对话录的主题,还是第二部分那些推论的划分,还是关于这部对话录总体性的结论,陈康的见解和新柏拉图主义者的看法都是大相径庭的。陈康在《〈巴曼尼得斯篇〉译注》中多次批评新柏拉图主义者的观点,尤其是普罗科勒斯的。一般而言,学术批评需要建立在对批评对象的充分了解基础之上,然而,从陈康的行文和著述来看,他似乎缺乏对于普罗科勒斯注释的了解,这不能不说是一种遗憾。

陈康的教育背景、工作经历都是国际性的,他虽然是一位中国人,很多著作用汉语来书写,但是应该把他放到一个更为广阔的西方柏拉图主义和亚里士多德主义学术史的背景下来衡量其学术工作的意义,在我们看来,这也是符合陈康本意的。而陈康作为中国专业性的研究希腊哲学的拓荒者,其开创性的历史意义是无可争辩的。到目前来看,我们中国的希腊哲学研究还处于"初级阶段",而无论是柏拉图研究,还是亚里士多德研究,我们都应该重视历史上那些重要的注疏家,尤其是新柏拉图主义者们留下的宝贵思想遗产。或许有人可以在哲学上超过他们,但是不能简单地越过他们。

---

① Proclus, *Proclus' Commentary on Plato's Parmenides*, p.1040.

② Proclus, *Proclus' Commentary on Plato's Parmenides*, p.1055.

前沿问题

什么是知识

胡　军[①]

一、知识创新引领社会发展

我们现在正处在一个充满着剧烈变化的世界之中，一切看上去似乎都格外的混乱、格外的无序。但在这混乱与无序之中却显示出一个极为引人注目的事实，这就是知识在急剧的膨胀和极其迅速地传播。借助于电子计算机和现代通信技术，知识已渗透、蔓延到整个社会的各个方面，使社会及其性质发生了极大的变化。而且知识也已把自己的触角伸展到未来之中。

美国新制度经济学的代表人物加尔布雷斯在 20 世纪 60—70 年代就首先注意到了知识在现代西方社会经济结构中所发生的权力重新分配过程中所起的决定性作用，并以此为基础提出了他的著名的"权力分配论"的理论。

他认为，在任何社会中，权力总是与"最难获得或最难替代的生产要素"联系在一起的，谁拥有这种生产要素的供给，谁就拥有权力。在封建时代，土地是最重要的生产要素，地主是这一要素的供给者，所以地主便拥有权力。到了资本主义时代，资本代替土地成为最重要的生产要素，权力也就相应地转移到了资本家的手里。而在现代社会中，由于工业的不断发展和科学知识理论及其技术的迅速进步和普及，所需要的专门知识越来越精细，越来越复杂，越来越系统。专门知识已成为决定企业成败的决定性的生产要素，于是，权力就从资本家手中转移到了一批拥有现代工业技术所需要的各种知识、技能的人手中。这些人被称作"技术结构阶层"。

权力的转移又引发了如下几个带有根本性意义的变化：(1)现代公司的新目标在"技术结构阶层"掌权之后，已从过去追求最大限度的利润为目标转变为追求"稳定"、"增长"和"技术兴趣"等目标；(2)为了实现"稳定"这一首要目标，商品生产已由过去的"消费者主权"理论转变为"生产者主权"的理论；(3)"技术结构阶层"掌权后，企业

①　作者系北京大学哲学系教授，博士，博导，北京市哲学会会长，中国发展战略委员会常务理事，创新战略委员会主任，民进中央文化艺术委员会主任，北京大学哲学系教授。

与银行、国家、工会、科技界的关系发生了重大的变化,如工业资本与银行资本不再融合,企业与工人的关系日益密切,企业与国家融为一体,等等;(4)与上述的变化相适应,社会阶级关系也发生了变化,加尔布雷斯指出,现代资本主义的社会冲突,已经不是穷人和富人之间的对立,而是有知识者和无知识者之间的对立。

"权力分配论"的新颖独到之处,是完全从"知识"这一全新的视野来分析资本主义社会中企业内部结构所发生的结构性的重大变化。因为是他清楚地看到了知识已经是现代社会中"最难获得或最难替代的生产要素"。从目前看,且不管新制度学派的理论在现代西方经济学界的影响到底有多大,但是有一点是清楚明白的,即加尔布雷斯将知识看作是现代社会的核心要素的思想是具有深刻的洞察力,而且自此以后整个世界都因知识的急剧增长和迅速传播而发生了深刻的变化。

加尔布雷斯的理论在20世纪的八九十年代不断得到来自不同学术领域的学者的回应。一时间,以"知识"为核心范畴来描述、分析现代世界范围内的政治、军事、经济、科技,以"知识"来构想未来世纪的社会总特征成了一种特别受人青睐的时尚。如在20世纪80年代,日本学者堺屋太一的《知识价值革命》一书就是运用"知识价值"一词来描绘未来社会的总体特征,而且他把即将到来的未来社会干脆称之为"知识价值社会"。"知识价值社会"是由"知识价值革命"引起的。他认为,这种"知识价值革命"在日本、美国是由于20世纪80年代电子计算机技术和通信技术有了突飞猛进的发展和广泛的普及而产生的。他指出,"知识价值社会"是比起物质财富的生产来说更加重视创造"知识与智慧价值"的社会。在这样的社会里,将会减少对物质财富的数量方面的需求,而会增加对取决于社会主观意识的"知识与智慧的价值"的需求。

到了20世纪90年代,美国著名的未来学家托夫勒则完全从"知识"出发来分析和描绘现代及未来社会中的政治、经济的总体特征。

在其《权力的转移》一书中,托夫勒明确指出:传统的政治权力概念有两大要素,即暴力和财富。在古代社会中,暴力在政治生活中起着主导作用。在一定意义上,权力就是暴力。反之也一样,暴力也就是权力。这种意义上的权力显然是最为低质的权力,因为暴力有着极大的弊端,即暴力的运用只能产生新的暴力。它的另一缺陷在于它只能用来进行惩罚。所以,以暴力为实质的权力是低质的权力。与暴力不同,财富则创造了优于暴力的权力,它既可用于威胁或惩罚,也可以提供奖赏,因此它比暴力灵活得多了。然而真正高质量的权力则源于知识的应用,因为知识可用于惩罚、奖励、劝说甚至化敌为友。知识也可以充当财富和暴力的增殖器,它可以用来扩充暴力或增加财富,也可以减少为达到某项目的所需要的暴力数量和财富数量。知识本身不仅仅是高质量的权力之源,而且它还是暴力和财富的最重要的组成部分,即知识从暴力和财富的附属物变成了它们的精髓。这就是说,现代意义上的暴力和财富必须以知识为其基础。没有相应的知识作为支撑的暴力和财富已经被当今的世界人类看作是另类,必将迅速退出历史舞台。而且我们也必须看到的是,力量和财富无论就数量和程度上讲都是有限的。我占有了,你就难以拥有。反之也是如此。而知识则大不一样,你掌控了相关知识的事实并不能影响我或其他人来把握相同的知识理论系统。从知识性质的角度讲,同一知识可以为所有的理性的动物把握。更为重要的是,知识的运用还可以产生更多的和更新的知识。总之,知识具有无边际的延伸性和时空的无限性。更为重要的是,知识是最民主的权力之源。武力和财富是强者和富人的特征,而知识的真正革命性特征则是,只要具备了相应的理性思考能力,弱者和穷人也可以掌握先进的知识系统来引领世界。从现代政治学概念来讲,暴力和财富变得越来越依附于知识。而知识则不一样,它们可以不依赖于暴力和财富,却能够将自己很快地转变为暴力和财富。

由于知识在经济生活中的全面渗入,现代的经济生活也出现了急剧的变革。随着服务及信息行业在发达国家中的增长及制造业本身的电脑化,财富的性质也随之发生了变化。尽管那些投资于落后工业行业的人仍将工厂、设备以及财产目录这样一些"硬资产"视为决定性的因素,但那些在急速增长的最先进的行业中投资的人却依赖于完全不同的因素(知识或信息)来保证其投资效益。知识现在成了新的资本形态。以实物形态表现的传统资本的一个最显著的特点是它的时空有限性。知识资本却不同,它具有无限的延伸性。同一种知识可同时被许多不同的使用者应用,而且运用知识的同时也是创造知识的时候,知识不可穷尽,无法独占。这就是知识资本的革命性特征。由于知识减少了人们对原料、劳动、时间、空间和资本的需要,知识已成为先进经济的主要资本。随着这种状况的发生,知识正在升值,正因为如此,争夺知识或人才的信息战才到处在激烈地进行着,而且会愈演愈烈。

经济的知识化或知识经济又被称之为"超级信息符号经济"。其特点之一是知识密集性行业取代了那些主要依赖于原料和劳动力的制造业的地位而迅速崛起。另一显著特点是,知识增长率和淘汰率以超速递增的速度同步运行。所以,知识经济是一种快速运转的经济。在当今的世界,资本以前所未有的速度运转,财富以惊人的速度递增,时间成了越来越重要的生产要素。这就使得经济不发达的国家必须在发展知识经济方面努力实现与发达国家同速运转,否则只能依附于发达国家。货币也日益信息化了。正如过去金银代替实物交易、纸币取代金银使交换职能一样,储有大量信息的信用卡正在或已经取代了纸币在历史上行使过的职能。总之,"知识是现代经济,特别是21世纪经济增长的关键因素"这一看法已成了世界范围内的政治家、经济学家、企业家和新闻决策人物的共识。

随着知识信息通过越来越庞大的计算机网络、电视媒介、电话通信设备在全球范围内迅速传播，不但经济出现了飞速的运转，而且也极大地加速了政治变革的速度和变革的模式。任何人想要通过封锁、控制来推迟民主、自由政治体制的实现，实行专制统治，在这个知识信息化的时代都注定是要失败的。更要引起我们格外关注的是，由于电子通信系统的发达及其在世界各地的迅速传播，已完全改变了过去曾经出现的先进知识理论体系只局限在少数精英知识分子圈内，然后经过各种社会变革逐渐为社会大众接受这样的历史变迁模式。这种历史模式曾经在历史上起过巨大的作用，但其所需付出的代价也是很沉痛的。现代社会的知识理论系统借助于移动网络技术，借助于不断提升的智能电子信息系统快速传播，社会变革可能更为快速，所需代价也可能会减少。

知识在社会生活中全方位地渗透已使社会及其结构发生了极大的变化，并将发生更为巨大的变化。知识在现代及未来社会中的巨大作用，是培根所始料不及的。可以断言，在现代社会中，知识已不仅仅是力量，它也是权力，是财富，是资本。知识更是现代社会发展与演变的真正的原动力。谁想成为现代及未来社会的先进生产力的代表和世界的引领者或主宰者，谁就必须形成和掌控最新的知识理论体系。未来学家们的共识就是，知识已经成了全球范围内的 K 因素（知识在英文中为 Knowledge）。要在未来的世纪中立于不败之地，求得更大的发展，我们就必须不失时机地掌握世界范围内不断更新的知识系统。未来的世界是知识社会。

这种关于知识社会的图景，也越来越使一些哲学家对之给予更大的关注。这表现在知识论研究领域内便是"知识"这一概念的内涵在不断拓宽。人们现在更为关注实际渗透于政治、经济及科技活动中的知识现象。传统观念认为，知识是真的信念，知识是以真命题表达的；而现在，一些哲学家却从信息的意义上来定义知识，认为知识就是正确的信息。① 这就使知识论的研究具有了现代的意义。

由于中国文化中的逻辑意识与认识论意识素来不强，所以我们的历史上从未形成过自己严谨的逻辑学知识理论体系，也几乎没有关于知识理论的系统研究。正是这样的历史传统造就了中国学者对于经典注疏的过度关怀，对于上古三代的不切实际的迷思与留恋，遂使中国学界对知识论的研究历来不感兴趣，所以对知识的作用也不曾给予应有的热情关注与研究。

英国产业革命前，人类历史发展依靠的主要是经验或经验性的要素。但是之后的世界历史却走上了一条性质完全不同的道路，亦即知识在整个人类文明的发展中占据着越来越重要的甚至是主宰的作用。近代以来发达国家所以强盛主要是如下两个原

---

① 参见 Keith Lehrer：*The Theory of Knowledge*，Westview Press，1990。

因:A,古希腊时期以几何学、逻辑学为基础的科学知识理论体系的建构;B,文艺复兴后的以寻求因果关系为目的的可控的精确实验。前者是后者的理论知识基础,后者是前者的技术落实。

我们的传统文化没有这样的两个要素。近代以来,我们通过引进的途径在可控实验及其技术方面有所进步。但是对实验技术的基础即系统的知识理论的研究至今仍然未得到应有的重视,所以如何加强与推进知识理论体系的研究应该成为文化强国建设的核心内容。所以,鉴于上述的认识,笔者建议我国政府应该组织相关人员研讨如何在知识理论体系的基础上发展我们自己的产业革命,走出新的路子,而不能仅仅沦落为产品的模仿、加工、组装。

同样的,我国的政治体制改革与法治建设也必须奠基于相应的知识理论体系之上的。西方启蒙运动之后的政治学理论为发达国家的建设提供了学理性的基础。尤须注意的是,法治也必须以相关的知识理论体系为指导。历史上的许多法典也大都奠基于知识理论体系之上的。中国历来重视德治,但由于缺乏相应的知识理论体系作为支撑,所以也就易流于空泛的口号或高大上的标语,无法在现实社会中得到有效的落实。良好的德治必须有知识理论体系作为基础,道德基于知识,真道德必须基于真知识,"道德即知识"是西方两千多年来的传统。道德必须与知识携手才能成为引导社会的指针。

总之,只有在长期的和系统的知识理论研究的基础上,我们国家的整体实力才能不断进步,才能逐步建设为让世人刮目相看的文化强国。

二、如何实施知识理论创新

要真正能够实施知识理论创新,我们必须要切实从以下几点做起。下面所述仅是个人管见,以供学界批评指正。

第一,为了促进我国知识理论体系的创新或发展,我们的教育,尤其是中等及高等教育机构必须首先改变我们传统的思维方式,不能满足于那种模糊笼统的思维方式。传统文化中的"天人合一"、"知行合一"、"和而不同"等命题固然有其合理的意义,但却不免过于笼统和模糊,对之绝对不可能形成相应的知识理论体系。记得2004年9月3日在北京的人民大会堂科学家杨振宁曾经做过题为《易经对于中华文化的影响》的演讲。演讲的核心内容是关于"近代科学为何没在中国做过萌芽"。他认为,近代科学之所以没有在中国萌芽是因为:第一,中国的传统是入世而不出世的,换句话说就是比较注重实际,不注重抽象的理论架构;第二,科举制度;第三,认为技术不重要,认为技术是

"奇技淫巧";第四,中国传统里没有推演式的思维方法;第五,天人合一的观念。其中他讲到"天人合一"的观念与现代科学观念之间的差异。他说道:"中华文化圈,很早就有'天人合一'的观念,比如天人一物、理一分殊。《易经》中每一卦都包含天道、地道与人道,也就是说,天的规律跟人世的规律是一回事,所以受早年易经思维方式的影响,把自然跟人归纳成同一理。我们知道王阳明'格'竹子的故事,是要用人世间的理追求自然界的理,这样当然'格'不出近代科学。近代科学的一个特点就是要摆脱掉'天人合一'这一观念,承认人世间有人世间的规律,有人世间复杂的现象,自然界有自然界的复杂现象,这两者是两回事,不要把它们合在一起。"①

任何一个知识理论体系都是针对于相对明确的问题或研究对象的,如关于自然的,关于社会的,关于人文的。严格说来,这三类的划分也很宽泛,也同样不可能形成知识理论体系。思想演变的历史表明,人类只具有关于数学的、物理的、化学的、天文学等自然科学的知识理论体系。而数学的知识理论体系在后来的发展历程中也在继续明确研究对象,有几何学的,代数学的等更为细致的划分。同样的,社会科学和人文科学也有着自己的相对明确的问题或研究对象。如人文科学领域中的心理学、伦理学、美学、逻辑学、艺术学、历史学、语言学等也都如此。因此这些学科之间也就有着明确的界限。细查历史我们就可以轻而易举地知道,上面提到的那些学科的创立者都是西方学者。更为令人焦虑的历史事实是,自与西方文化接触以来几百年历史,我们在连续不断地丢失自己的话语权。目前不少学者在大声疾呼要抢回话语权。但是问题的实质却是,我们究竟依靠什么才能抢回自己的话语权?更为重要的是,究竟什么才是话语权的基础?根据上述的讨论,我们就能清楚地看到,所谓的话语权就是在分科治学的基础上建立起来的系统严密的知识理论体系。我们有了关于某类问题或研究领域的知识理论体系,我们也就自然而然具有了话语权。接下来的问题也就很明确,即我们所以丢失话语权的历史原因在于我们自古以来就没有明确或相对明确的问题意识或研究对象,而长期自古以来迷失于模糊笼统的思维方式,满足于纠缠在那些高大上的口号或标语的话语方式上。

根据上述的讨论和分析,笔者认为,要促进我国知识理论体系的思辨能力及知识理论体系的创立与发展,我们必须诱导学者与学生将自己有限的人生用来思考和讨论那些相对明确的问题或研究对象,而不能够将自己有限而宝贵的人生完全埋没在模糊笼统的思维模式之中。与之相关的问题是,我们的教育目标也得做相应的调整。我们的教育历来重视书本的阅读和疏解,强调读书要破万卷。从幼小时起,读书、背书就占去

---

① 杨振宁:《近代科学为何没在中国萌芽》,《科学时报》2004 年 9 月 8 日。

了年轻人的绝大部分时间。其实这是对基本目标的曲解。读书不应成为教育的根本目标。历史地看,经典阅读的目的是让我们站在古往今来伟人的肩上去系统地思考、严密地讨论和较为全面地解决我们自己面临的人生问题、社会问题及其他种种问题。所以我们要重视培养学生对问题的强烈兴趣和讨论思考。教育的本质属性及其目标只是让学生在阅读经典的基础上去思考经典里所涉及到的问题及解决问题的方法论,而不只是熟读和背诵经典。

第二,从上述的讨论中,我们就会得出这样的结论,即只有明确的问题意识或研究对象才能在学术研究的历史上引导了分科治学模式的出现。因为能够对之做具体讨论的问题只能是明确而清晰的,只能是关于自然或社会或人文现象的某一方面的。这也就使具体而清晰的问题之间有着明确的界限。针对不同的问题必须有与之相应的学科来进行讨论研究。这样的分科治学的学术研究模式不是产生于我们的历史中。因为在历史上我们就从未追求过明确具体的问题意识或研究对象,而只是满足徘徊于模糊而笼统现象的,而只是在不断地发挥自己的充满诗意的想象。追溯学术发展与进步的历史,我们可以看到这样的分科治学的传统却是诞生于古希腊的雅典城邦。如《柏拉图对话集》中的每一篇都几乎集中讨论某一个明确的问题。亚里士多德则在此基础之上更进一步确立了分科治学的学术研究模式。一部《亚里士多德全集》就包含了逻辑学、政治学、伦理学、形而上学、动物学、植物学等学科。学术史告诉我们,正是分科治学的模式极大地促进了自然科学、社会、科学与人文学科的发展与繁荣。遗憾的是,我们传统文化从不重视这样的分科治学,这也就是为什么我们的文化系统内根本不可能形成能够经得起论证或诘难的思想理论体系。

应该说,明确清晰的问题在人类的认识历史中所占的比例不是很大,毕竟还有更多的模糊不清的认识对象是迄今我们无法解释或认识的。但是我们却不能不看到这样的历史事实,即近代以来几百年的人类文明历史的进步与发展都是奠基于各种各类的知识理论系统的不断创新和发展。

由于仍然满足于传统模糊笼统的思维模式,更多的是出于民族情感的需求,在以分科治学为主要模式的大学内出现了分科治学与国学并存的现象。中国学或国学基于对历史中国现象的研究却也有自己存在的理由,但我们却不无遗憾地说,中国学或国学却不是严格意义上的学术研究。因为中国学或国学缺乏最起码的明确清晰的定义或研究对象,也更无可以用来操作的具体的学术流程或系统有效合理的思想方法论。

以分科治学为主的现代大学模式主要是学理性的研究和教学机构。这里所谓的学理性的基本含义就是指的以分科治学为前提而形成的知识理论体系的研究。当然分科治学也有其不可避免的局限。其实,我们生活于其中的世界的各个不同方面有着密切的关系。因此必须积极提倡跨学科的交流,以弥补分科治学带来的学术研究的不足或弊端。这一学术研究的趋势也就给提倡或推行中国学或国学的学者似乎提供了理由。他们认为中国学或国学能够弥补分科治学的不足,为跨学科交流提供平台。在此不得不指出的是,他们这样的看法是错误的。他们不明白,学术研究的基本立场仍然是明确清晰的问题或研究对象,尽管这样的研究视角有其不足,所以我们现在仍然需要从跨学科的视角来重新审视以前对问题或对象所得出的研究结论。但这样的跨学科交流的平台依旧是分科治学的研究模式。如心理学就与脑科学或生命科学等密切相关的。没有后者作为基础,心理学就容易流于文学般的想象。我们将在后面论述跨学科交流所涉及的种种问题。

第三,有了比较明确的问题或研究对象之后,我们才有可能对之进行系统而有效的讨论、论证。学术发展的历史清楚地告诉我们,只有对那些相对明确的问题或研究对象,我们才有可能进行系统明确有效地论证。模糊笼统的口号或标语只能被无情地排除在论证或讨论的范围之外。而历史也明确地表明,只有经过了严格有效论证的思想或信念才能转化为知识理论。近代以来的产业革命也告诉了我们这样一个历史事实,即只有经过了系统有效论证的知识理论才有可能转化为技术性的产品。同样的,社会的改造、进步也奠基于经过严密论证的相关的社会政治方面的知识理论体系,而不能仅仅凭借几句口号或标语。尤其是复杂的社会系统的改造更得需要有相关的知识理论体系的引导。

要对问题或对象进行论证或讨论,我们就必须有一定的思想工具。这一思想工具用亚里士多德的话说,就是思想的工具,所以他的逻辑学著作称之为“工具论”。思想必须有工具。当然,光有工具不行,还必须有关于思想工具的系统理论。亚里士多德一生中研究过不少的问题,如关于伦理的、政治的、逻辑的、物理学的等。可以看到,亚里士多德对之进行论证或研究的问题或对象都具有相对明确的对象或领域。比如他就将政治学的研究问题与伦理学的研究问题明确地区分开来了,认为它们分属于两个不同的研究领域。这就与我们历史上孟子的大不一样。后者试图从性善推出仁政。性善显然是属于伦理学研究的对象,而仁政却落在了政治学研究的领域。可见在孟子的思想里没有亚里士多德的分科治学的思想视野。既没有明确的问题意识,当然就缺乏可以操作的思想工具,也更无必要进行系统论证的必要。

论证的目的就是为讨论问题的过程及其答案做有效、合理而系统的证明。针对问题提出的答案的合理与否完全取决于论证过程的合理性及其有效性,而与参与讨论的学者的社会地位等毫无任何瓜葛,根本就不相关。不因为你是老师或圣人或领导,我就得无条件地听从你的,就得完全服从你,就得俯首称臣。我们不得不承认,这样的对话完全是理性的,是客观的,是平等的。这样的对话才是真正意义上的学术性对话。就是这样的对话推动了知识理论体系的不断进步和创新。论述至此,我们就不得不承认,我们的文化系统内真正缺乏的就是这样的真正平等的客观而又理性的学术讨论。不但如此,由于我们的文化传统将三代描绘成黄金时代,于是在我们看来历史是退化的。这样的观念遂使中国传统文化不可能具有类似进步的或发展的观念。我们不需要进步的或发展的观念,因为我们曾经有过最为辉煌的三代文化或圣人,后来者的神圣职责就是尽力返回到三代。孔子说:"郁郁乎文哉,吾从周。"但是我们却难以提供确切详尽有效的论证和确凿的史料,表明我们的历史曾经有过这样辉煌的三代文明。更进一步的问题是,如果真有这样辉煌的三代文明,我们又怎么样通过或凭借什么样确实可行的认知途径或方法来认识和返回到如此辉煌的三代文明?如果没有这样理性的认知方法作为我们确证的基础,辉煌的三代文明只能是我们想象的产物或完全是假设,而不是理性推导或考察的结果。

还必须指出的是,上面提到的思想论证或讨论是在学术团队内部进行的。参与讨论的学者可以站在不同的思想立场,但论辩时各方都必须完全遵循思想的论辩规则。学术圈内的如此对话,不同观点之间的据理力争可以激活思想,突破已有思想的樊笼。古希腊雅典时代的柏拉图学院就是这样的纯粹民间的学术机构。后来出现的大学,在拉丁语中,就是指的行会或师生共同体。这样的共同体的宗旨就是,论辩一定要自觉地遵循逻辑学理论规则,并能够共同自觉抵制来自宗教的、政治的、经济的、社会的等其他方面的干预。世界学术发展的历史表明,知识理论体系的进步和发展有其自身的规律,要能够真正地促进知识理论的持续进步,不断创新,我们就必须自觉而坚决地遵循学术发展的基本模式,不能随意加以干预。

与其他领域内的创新一样,知识理论体系的创新就是与众不同,就是异端,就是背离传统。记得,居里夫人说过这样的话,我们离传统越远,离诺贝尔奖也就越近。固守已有的传统,永远不可能有创新。

第四,分科治学曾在人类历史上极大地促进了知识的进步与发展。我们都非常熟悉自然科学的分科设置。社会科学的分科也是非常鲜明。19世纪中叶以来,人文学科的分科设置也不断涌现,如美学、心理学、语言学、诠释学等的确立就是明证。

知识的急剧膨胀和迅速传播就最为鲜明地说明了分科治学的巨大的历史作用。在过去的十年中,信息数量以数亿倍数在增长,在传播和淘汰。知识与信息淘汰或增长的速度在极大地改变着我们生活于其中的社会与世界的性质。

但我们也必须清楚地看到,知识与信息的过度膨胀带来的负面效应。这就是,过于琐细的分科设置只能培养和造就大批的拥有某一领域内的专精知识系统的专家,但绝对不可能出现知识创新人才。早几年美国一些大学提出了跨学科交流的创意和计划。无疑,这样的创意和计划是符合学术进步和知识创新的新趋势的。但在我们国内高校,由于现实利益的考虑,却无人从理论上和政策上关注大学和研究机构的学科设置及构成,也同样无人过问或在意这样的改革高等教育的大问题。因此我们现在的大学体制和研究机构遵循的仍然是早期传入中国的过度的分科治学的原则,出现了研究中国文化的不懂西方文化;研究西方文化的对中国文化没有兴趣;研究传统的与现代完全隔膜不通;培养了大量的具有某一领域内的精深知识的专家学者,却创新乏力;学术视野狭窄,缺乏跨学科的方法论视野和知识方面的训练;只知学习、记诵经典,丝毫没有问题意识和怀疑精神,更谈不上思想或知识的创新。

当务之急,就是要在分科治学的基础上力图打通各学科间的界限。此种学科综合的目标就是以知识理论体系为基础来综合人文学科、社会学科、文理、理论与技术等;强调相近学科即人文学科(文史哲)之间的融合,即哲学、文学与历史等学科之间本来就有着密切的关系,可以设计将这些相近的人文学科放进一个大学院的体制之内;突出文理之间的交叉,强调文科的学生要有自觉学习一门自然科学或科学史的兴趣;理科学生学习文科,反之亦然;重视跨学科之间的融合,如艺术与科学之间的交流与融合。音乐、绘画等本就与数学、几何学、物理学等有着天然的关系;理论研究人员与技术过程人才的交流与合作;鼓励与加大对跨学科的研究项目与学术会议的投入与资助;提倡设置与建立跨学科的学会;加强与国外学术界的交流等。

同时,教学模式不应是灌输式的,而应是对话式的、讨论式的、启发式的;要注重过程式的教学模式,不要过分强调结论或结果。更要培养和爱护学生的想象能力和对熟悉的事物或不熟悉的事物的惊奇感或好奇心。

但是强调跨学科研究不是完全否认分科治学的重要性,更不是说分析方法已经是弊端丛生,完全过时了,要回到我们传统完全不分科的思维模式上去。而是相反,分科治学是学术研究的基础。在此基础之上形成的各种深入系统的知识体系,才是未来跨学科交流与创新的基础。舍此,绝对不可能有任何思想或知识体系创新的可能。所以没有相应的分科治学,也就不可能有学科之间的综合与创新。

第五,近三十年来,由于大学及研究机构的合并,我国目前的大学和研究机构规模不断扩大,研究人员与学生数量也随之激增;另一方面却是我国大学及研究机构的管理能力及水平却相当的滞后。这两者之间已经形成了极大的张力。此种情形极其不利于中国学术的繁荣与知识的创新。根据目前我国大学及研究机构的超大规模,要完全去行政化根本就是行不通的。过分的行政化管理确实也严重地干扰了学术研究。但要完全地去行政化,也会使大学及研究机构失去相当的依托。因为毕竟学术研究与高校的管理之间是有着一定的区别的。不适当地强调教授治校未必适当。现在急需要的是改变行政管理的模式,即大学及研究机构所需要的管理必须要逐渐完全而严格地奠基于学术发展和繁荣的基本规律,遵循思想自由、学术至上的原则。

机器人伦理学种种

杜丽燕[①]

机器人学是一个急速发展的领域,它的发展契机是,不同种类的机器人被迅速研发出来,并且广泛运用于社会和国家的各个层面。从儿童玩具到家庭生活、医院护理外科术以及社会生活的方方面面。在国家安全、军事行动、甚至打击恐怖主义方面,机器人所发挥的作用日益突出,且效果良好。

按照比尔·盖茨(Bill Gates)的看法,"机器人产业的出现,与三十多年前计算机行业的发展是同步的。作为计算机产业的领军人物,他的预言有特殊的权重。"尽管对比尔·盖茨的观点质疑声一直不断,但是,人们不得不接受如下事实:我们应该关注的是"如果机器人产业的进化与计算机的发展相似,那么我们就可以预期,由于机器人的出现,会引起重要的社会和伦理学挑战。"[②]对于这类问题的思考,催生了机器人伦理学。

一、问题概述

机器人伦理学是应用伦理学的一个分支。《机器人伦理学导引》的作者开宗明义:"本书的目的是简要介绍机器人伦理学(robot ethics)领域的基本概念、原理和问题。机器人伦理学是应用伦理学的一个分支,当我们在社会中使用机器人而引发微妙的、严重的伦理问题时,它试图告诉我们,如何运用伦理学原理解决这些问题。"[③]

作为 robot ethics(机器人伦理学)的表述方式"roboethics"(机器人伦理学),是维汝吉奥(Verrugio)杜撰的新词。首先,机器人伦理学是机器人学的新领域,涉及机器人对人和社会的积极和消极意涵。其次,机器人伦理学也是一种伦理学,是应用伦理学的一个分支,旨在于激励机器人,尤其是智能/自主机器人的道德设计、发展和运用。

机器人伦理学提出的基本问题是:机器人的双重使用(机器人的正确使用和错误

---

① 作者系北京市社会科学院哲学所研究员。

② Patrick Lin, Keith Abney, and Georte A.Bekey(ed.),*Robot Ethics:The Ethical and Social Implications of Robotics*,Cambridge:The MIT Press,2012,p.3.

③ Spyros G.Tzafestas,*Roboethics:A Navigating Overview*,Heidelberg:Springer,2016,p.vii.

使用)、拟人化机器人、人性化的人—机器人合作关系、缩小社会—技术间隙、机械人技术对财富与权力分配的影响等。

在应用伦理学方面,机器人伦理学属于技术伦理学范畴,涉及一般意义上的技术伦理学。它也属于机械伦理学,扩展到计算机伦理学。机器人伦理学的目的是,在设计和使用智能机器时,提出相关的伦理学问题。算是一种道德预见和预警吧。毫无疑问,任何科学、技术、产业及其产品的出现,或多或少都涉及伦理道德问题,因为这些领域的发展和成就一旦进入人类社会,将直接影响人的权利和福祉,产生"应当"与否的问题,即什么是正确的,什么是错误的。科技发明和创造并不意味着它们是天然正确的。也就是说,只要科技发明和产品被用于自然、人类、社会,都应该受到"应当"的质询。科学和技术可以没有国界,但是,不可以没有伦理道德的思考。

正如《机器人伦理学导引》的作者所言,"机器人学与人的生活直接相关;医用机器人学、助力机器人学、服务—社会化机器人以及军用机器人学,对人类生活都有强烈的冲击,也给我们的社会提出重要的伦理学问题。"[1]可以说,机器人工业的发展,不仅仅需要满足伦理道德的一般要求,而且必须创立一门"机器人伦理学"。

二、奠基者阿西莫夫

阿西莫夫定律

20世纪40年代,著名科幻作家阿西莫夫(Isaac Asimov)提出了机器人学三定律,作为科幻小说中生产设计机器人以及机器人自身行为的准则。《牛津英语词典》指出:"正电子学"(positrons)、"心理史学"和"机器人学"这几个名词,首创于阿西莫夫的科幻小说。阿西莫夫刚开始写机器人小说时,机器人学尚未发展出来。早先关于机器人的小说多以"人类创造机器人,又为机器人所毁"为主题。阿西莫夫扭转了这种局面,在《我,机器人》一书中,第一次为机器人提出行为法则,即"机器人学三定律"。即使在现代机器人学中,这三大法则也是十分重要的,有人甚至友好地称他为"机器人学之父"。

机器人三大定律内容如下[2]:

第一定律:机器人不得伤害人,不得目睹人遭受伤害而袖手旁观。

第二定律:机器人必须服从人的命令,除非该命令违反第一定律。

---

① Spyros G.Tzafestas, *Roboethics: A Navigating Overview*, p.vii.

② 阿西莫夫:《人,机器人》,国强、赛德、程文译,科学普及出版社1978年版,第1页。

第三定律:在不违反第一、二定律的前提下,机器人必须尽力保存自己。

阿西莫夫的贡献和影响不可以被低估,因为在阿西莫夫之后,无论是赞成还是反对三大定律的研究者和小说家,基本上都会从遵循该定律或反对该定律作为出发点。事实上,阿西莫夫三大定律涉及人机关系,尤其强调不伤害准则。可以说,它们是机器人学的准则,本身也是机器人伦理学的基本准则,因为出于不伤害人、服从人、不自伤的考量,它们蕴含着什么应该做,什么不应该做的标准。它首先是道德标准,如果有立法,也是遵守的法律准则。它的基本要义是:

首先,禁止机器人通过自主活动或者接受他人指令,对人造成伤害,并要求机器人看到人遭受伤害时,伸出援救之手。也就是说,当机器人依照程序作业有可能伤害人时,应当中断该程序;而且,不允许将机器人用作殴打、谋杀、自残、自杀的工具。

其次,在上述前提下,机器人享有自保的权利①。因此,三个定律有高下之别,其优先权依序递减。"不得伤害人"优先于"服从人的命令";服从定律则优先于机器人的"自保"②。人的安全是第一位的。

不难看出,阿西莫夫机器人三定律,不完全是一部科幻小说的线索或准则,而是具有明显的伦理学意涵。正如克拉克(Roger Clarke)指出的:"[阿西莫夫的]定律简单明确,包含了'世俗诸多伦理学体系的核心指导原则'。它们似乎也确保人对机器人的持续支配权,禁止将机器人用于邪恶目的。"③因此,许多人工智能和机器人技术专家认同这三个定律,甚至有人预言,随着科学技术的发展,阿西莫夫三定律可以成为未来"机器人伦理学"的基本框架或原则。之所以这样说,是因为阿西莫夫在提出机器人学三定律的同时,也表现出对机器人可能出现的问题的忧虑。这些忧虑本身既是对机器人技术的忧虑,也是对机器人伦理学的忧虑。从当今人们讨论的机器人伦理学的内容,我们可以清晰地看到,阿西莫夫三大定律,特别是第一定律的影响。

阿西莫夫的伦理学忧虑

在阿西莫夫《我,机器人》④的八个故事中,我们可以看到阿西莫夫对机器人发展的憧憬、技术忧虑和伦理思考。

故事《环舞》,展示作者对于机器人三大定律实施中,可能遇到的问题的忧虑。当

---

① Michael Anderson and Susan Leigh Anderson(ed.), *Machine Ethics*, Cambridge: Cambridge University Press, 2011, p.259.

② Spyros G.Tzafestas, Roboethics: *A Navigating Overview*, p.42.

③ Michael Anderson and Susan Leigh Anderson(ed.), *Machine Ethics*, p.256.

④ 以下内容参见阿西莫夫:《人,机器人》,国强、赛德、程文译,科学普及出版社 1978 年版。

机器人三定律在实施中发生相互冲突时,机器人何去何从。这里面并不涉及道德问题,故事涉及的问题是纯粹的机器人学问题。不过,三大定律在运行时彼此冲突的问题,也许并不只是科学幻想。

《推理》假设,某星球的机器人拥有了理性,并且只相信推理,由于他有超强的推理速度和能力,他把人视为不善于推理的生物,视为比他低等的生物,于是他统治了人类。尽管第一定律在发挥作用,他不会伤害人类,而第二定律却失效了。当机器人的推理能力超越人类,并且他的推理能力还以信仰为依托时,天地间没有任何东西可以动摇它。它成为主宰。主从关系颠倒,这是不是很可怕啊。

《捉兔记》假定,为机器人设置了控制机器人主动精神的线路。在紧急的情况下,没有人在场,这时,机器人的主动精神被紧张地动员起来。结果有可能是,机器人的主动精神得到充分发挥时,他会失去控制,它甚至可能组织一支机器人军队,那就什么事情都有可能发生。这是从机器人学的角度出发,对机器人可能发生的问题的设想。

《说假话的机器人》假设,机器人不仅有超强的推理能力、极速的计算能力、超凡的捕捉信息的能力,更重要的是,当他们拥有捕捉人的情感和心理能力。这时,他们就能猜透人的心思。他们会"借此给自己大捞资本",他们有可能凭借自己捕捉的信息,窥视人的心理,从而控制人的情感、人际关系、继而控制人的一切事务。结果是主从关系得到逆转。这一故事特别提到何谓机器人对人的伤害?情感伤害是不是伤害?阿西莫夫机器人第一定律只规定"机器人不得伤害人",但是,并没有明确定义何谓伤害。似乎阿西莫夫自己也意识到这一点,因而在《说假话的机器人》中有此一问。

《捉拿机器人》描述一个被特殊设计的机器人,其程序没有完全输入第一定律。当人类出于某种目的(无论这种目的多么正当),没有为机器人输入机器人学第一定律的全部内容,或者说,修改了机器人第一定律。由此引发的问题是:机器人歪曲地使用第一定律,结果就是机器人失控。政府、利益集团、社会组织或者其他机构,出于某种目的,修改机器人第一定律本身,意味着将人类置于某种不可预测的危险,这是一种伦理学的隐忧,这种忧虑本身也是一种道德质疑。不仅如此,这种忧虑本身也引起相关的立法问题,只是作者没有明确提出而已。故事中的一段话,深深地展示出人的忧虑:"一切正常的生命都会有意识或无意识地反对统治。如果这种统治来自能力低下的一方,这种反抗就会更加强烈。在体力方面,一定程度上也包括智力方面,机器人,任何一个机器人都优越于人。是什么东西使它变得顺从的呢?只有第一定律!噢,要是没有这第一定律,您给机器人一下命令,它就可能把您搞死。"[①]当第一定律被修改或有限使

---

① 阿西莫夫:《人,机器人》,科学普及出版社 1978 年版,第 145 页。

用,结果不堪设想。

《逃避》构想了一种有心理活动的机器人。阿西莫夫认为,机器人心理学还远未完善。尽管机器人的正电子脑异常复杂,但它毕竟是人造出来的,所以它是根据人的标准来制造的。人类的情况是,每当陷入困境,他们通常采取逃避现实的办法,其原因是由于拒绝或不敢大胆面对现实。机器人也是如此。当它碰到左右为难的事情时,一般情况下,它的半数继电器将毁损;而在最坏的情况下,正电子脑的全部线路都会被烧坏以至无法修复。① 根据人的标准制造机器人正电子脑,意味着人类有可能把自身的弱点和欲望输送给机器人,它最终导致的问题既是机器人技术问题,也是机器人伦理学问题。

《证据》设想机器人竞选市长引起的问题。机器人的设计者有一个美丽的梦想:"如果能制造出一种能担当社会行政长官的机器人,那它必定是社会行政长官之中的佼佼者。根据机器人学定律,它不会伤害人,一切暴虐、贿赂、愚蠢和偏见与它都将是不相容的。"②这一故事透出人类对于机器人可能统治人类的恐惧。

阿西莫夫在讲述了若干个故事后,对机器人三大定律如是说:"机器人学三定律,同时也是世界上大多数道德规范的最基本的指导原则。每个都有自我保护的本能。对机器人来说,这就是它的第三定律。每一个具有社会良心和责任感的'正派'人,他都要服从于某种权威。他听从自己的医生、自己的主人、自己的政府、自己的精神病医师、自己的同胞的意见;他奉公守法、依习随俗、遵守礼节,甚至当这一切影响到他个人的安逸或安全时,他也恪守不渝。对于机器人来说,这就是它的第二定律。还有,每一个'高尚的人,都应像爱自己一样去爱别人,保护自己的同志,为救他人而不惜自己的生命。这对机器人来说,就是它的第一定律。"③

阿西莫夫对机器人的忧虑,总体而言有如下层面:第一,机器人学纯技术层面的问题。无论在任何情况下,这技术层面的问题总会有的。人是不完善的,当然,人设计的机器人也是不完善的。问题总会有的。第二,人为导致的机器人技术问题。阿西莫夫担心的是人出于某种利益和欲望,人为地改变机器人定律,特别是改变第一定律,由此导致可怕的后果。这既是技术的、也是伦理学的,事实上还应该是法律的问题。第三,由于技术、科研、工艺、利益、政治、经济、社会等问题,导致机器人对人可能的伤害、支配、控制。第四,三大定律在机器人日常行为中可能产生的伦理学问题。

仅仅是这些方面的问题,已经够让人穷于应付得了。然而,问题并不这简单。三

---

① 阿西莫夫:《人,机器人》,科学普及出版社 1978 年版,第 179 页。
② 阿西莫夫:《人,机器人》,科学普及出版社 1978 年版,第 242 页。
③ 阿西莫夫:《人,机器人》,科学普及出版社 1978 年版,第 225 页。

定律本身便引起怀疑,不仅为科学幻想小说的粉丝怀疑,更重要的是那些机器人专家和软件编程人员。

首先,三定律语言含糊。小说可以含糊其词,因为文艺作品含糊其词,可以为小说冲突情节的展开,提供线索或诱因。然而,含糊其词的三定律一旦用于机器人工业设计和制造,便会引发重重困难。譬如,如何区别"伤害"(harm)与"损伤"(injure)? 是否允许不危及生命的伤害? 有无或如何判别心理伤害的标准? 机器人会如何理解人(human)? 于是,"定律,甚至第一定律,都不是绝对的,可以为机器人的设计者任意界定"。① 更何况,人们的理解建立在文化差异的基础上,对同一事物不同宗教、民族和社会之间有显著的差异。由此产生的问题是:人与机器人之间是否也有文化差异? 毕竟人是感情、理性、欲望的复合体,而机器人则是单一的逻辑体系。

其次,在机器人的行为抉择中,判断起着重要作用。即便定律的言辞在意义上明确无误,仍然需要机器人确认。因为定律毕竟是一般,而定律所面对的对象,是千变万化的特殊情况。定律是否在以及在多大程度上适用于某个特殊境况,中间环节就是机器人的判断。小说中的机器人必须能够准确判断主人遭受危险的程度,及时伸出援助之手。然而,机器人的判断标准应该是什么? 面对模棱两可的困难选择时如何取舍? 难以预见的复杂情况给机器人的判断带来许多问题。②

再次,阿西莫夫本人发现,机器人三定律可能导致死局。例如,机器人接收到两个人的相互冲突的指令;或者,保护一个人可能同时伤害另一个人。按照阿西莫夫的观点:"大脑无论多么精致和复杂,总有某种方式引发矛盾。这是数学的一个基本真理。"③因此,机器人必须有能力识别并避免死局:"如果根据他的判断,A 与—A 将引发同等不幸,他会以完全不可预见的方式做出选择,并绝对执行这一选择。他不会陷入心灵冻结局面。"④另一类死局是机器人的决策时间所导致的:当人遭遇危险时,机器人是否必须立即行动,还是需要经过细致分析数据后采取行动? 前者可能因判断失误造成恶果,后者则可能因为处理数据时间而导致短暂的无效和死局,即"分析所致的瘫痪"(paralysis by analysis)。⑤

面对各种困难和批评,阿西莫夫不断对其三定律重新解释或加以修正。最重要的修正是增加了机器人第零定律(Zeroth Law of Robotics,1985 年)。因为第一定律仅针对

---

① Michael Anderson and Susan Leigh Anderson(ed.),*Machine Ethics*,pp.261-263.
② 参见 Michael Anderson and Susan Leigh Anderson(ed.),*Machine Ethics*,pp.261-263。
③ 转引自 Michael Anderson and Susan Leigh Anderson(ed.),*Machine Ethics*,p.264。
④ Michael Anderson and Susan Leigh Anderson(ed.),*Machine Ethics*,p.264.
⑤ 参见 Michael Anderson and Susan Leigh Anderson(ed.),*Machine Ethics*,p.264。

人类个体,然而,当一个人与多人或整个人类同时遭受危险时,机器人必须有正确的选择顺序。不然,有可能导致因小失大,造成对整个人类的伤害。所以用序号"零",是为了继续贯彻"优先权依序递减"的原则。修改后的定律如下①:

机器人第零定律:机器人不得损害人类,不得袖手旁观,坐视人类遭受伤害。

第一定律:机器人不得损害个人,不得袖手旁观,坐视个人遭受伤害,除非该行为违反第零定律。

第二定律:机器人必须服从人的命令,除非该命令违反第零或第一定律。

第三定律:在不违反第零、一、二定律的前提下,机器人必须尽力保存自己。

阿西莫夫试图通过机器人第零定律,向机器人发布明确的指令:"人类整体比单个人更重要。有一条定律比第一定律更重要,即'机器人不得损害人类,不得袖手旁观,坐视人类遭受伤害。'"②这种修改更加凸显阿西莫夫定律的基本伦理原则:始终确保人类支配机器人,防止将机器人用于邪恶目的。

问题在于,人们能否消除定律自身存在的矛盾和模糊性? 定律本身是否道德正确? 更重要的是,即便定律天衣无缝,具有(制造)什么结构和能力的机器人,是否能够准确无误地贯彻这些定律? 这里不仅涉及对机器人伦理学的总体展望,还涉及与机器人制造和运用相关的具体技术、实践、文化、法律等问题。

康涅狄格大学教授安德森(Susan Leigh Anderson)几乎完全否认阿西莫夫的三定律,其理由是,尽管机器人很难具备人一样的道德能力,诸如感受、自我意识、道德主体、理性能力和情感,但是,它们可能被设计制造成具有类似人的相应功能,甚至比人更坚决地遵守道德原则,因其程序是依照理想道德编制的,没有人的非理性情感的驱使。因此,我们不应虐待机器人。阿西莫夫三定律将机器人当作奴隶,在道德上不可接受。③

俄亥俄州立大学教授伍兹(David Woods),则从另一角度否认阿西莫夫三定律。他指出:"……我们的机器人文化观点始终是反对人,赞成机器人。"④因为人们设计机器人时,试图用机器人弥补人的不足,制造出一个完美的人。我们借机器人构想人的未来,因而关注的是寄托在机器人身上的愿望,并非现实。阿西莫夫三定律便是这种思维的产物。事实上,专业人员现在仍为如何解决机器人的视觉和语言技能发愁。于是,他和德州 A&M 大学(Texas A&M University)教授墨菲(Robin Murphy)完全摈弃阿西莫夫的三定律,提出新的三定律,让人们关于人—机(机器人)的思考建立在坚实基础上,其

---

① 转引 Michael Anderson and Susan Leigh Anderson(ed.),*Machine Ethics*,p.268。
② 转引 Michael Anderson and Susan Leigh Anderson(ed.),*Machine Ethics*,p.269。
③ 参见 Michael Anderson and Susan Leigh Anderson(ed.),*Machine Ethics*,pp.285-296。
④ 引自 https://news.osu.edu/news/2009/07/29/roblaw/。

焦点聚焦于人应当如何开发和配置机器人,千方百计确保高的安全标准。他们提出的三定律如下:

第一定律:当人—机(机器人)作业系统不符合安全和道德的最高法律标准和职业标准时,人不得配置运用机器人。

第二定律:机器人仅对具有适当角色的人做出响应。

第三定律:机器人必须具备充分的自主权,以保护自身存在,只要这种保护提供平稳的控制转换机制,且不违反第一、二定律。①

第一定律表明人运用机器人的现实条件,强调安全和伦理方面的高标准。第二定律指出机器人对人的命令理解有限,往往仅能针对有限的一类人做出响应,并非普遍适用。第三定律保障机器人具有自保能力,能够应对现实世界中随机发生的各种情况,自动采取行动。然而,在保护自己的同时,也能够在需要有些情况下将控制权转移给人。因此,机器人应该具备控制权转换机制,能够平稳地将控制权转移给人。"底线是,机器人必须应对自如,且能够复原。它们必须能够保护自己,而且必要时,能够平稳地将控制权转交给人。"②

阿西莫夫定律侧重机器人的道德行为,将机器人看作完全的道德行为者;伍兹等人新的三定律,则试图将人们对机器人的思考拉回现实,侧重人应当如何研发和配置机器人,关注系统的响应性和复原能力,从而真正"以人为中心",更安全地规范人与机器人的关系。他们的三定律似乎比阿西莫夫定律更脚踏实地。不过,将其作为机器人伦理学的基础,恐怕恰恰缺乏阿西莫夫关于人—机器人互动的想象力,难以涵盖未来自主性机器人的行为规范。

不过,有一点十分清楚:机器人伦理学无论以什么原则作为基础,都必须能够应对现实提出的伦理挑战。

三、现有的机器人类别及其相关的伦理学问题

阿西莫夫定律主要还是从科幻的视角设想机器人的行为,以科学想象的形式警示人们注意,程序缺陷、机械故障、突发行为、人机沟通障碍以及其他意想不到的错误,可能诱发机器人不可预见的潜在危险。当今机器人伦理学的出现,则是首先面对现实的

---

① R. Murphy and D. D. Woods, "Beyond Asimov: The Three Laws of Responsible Robotics," in *IEEE Intelligent Systems*, Vol. 24, 2009, p. 19.

② R. Murphy and D. D. Woods, "Beyond Asimov: The Three Laws of Responsible Robotics," in *IEEE Intelligent Systems*, Vol. 24, 2009, p. 19.

机器人正在造成或可能造成的现实的危险,并通过前车之鉴,及早制订应对策略,迎接机器人工业可能提出的社会和伦理挑战。而他们思考的基础,除了一般伦理学理论外,阿西莫夫学说是一个重要参照系。

对机器人的一般界定

现阶段机器人有哪些类型?机器人的应用提出了哪些现实的社会伦理问题?

尽管目前尚无公认的"机器人"的定义,不过很明显,严格意义的机器人不同于一般的自动化设备。按照白凯(George A.Bekey)的界定,机器人是"处于世界中的机器,可以感觉、思想和活动:

> 因此,机器人必然具有传感器、模仿某些认知的信息处理能力,以及制动器。传感器需要从环境获取信息。反应行为(如人的伸展反射)不要求深层认知能力,但是,如果机器人试图自主执行有成效的任务,就必须具备机载智能,并且需要施动力驱使机器人作用于环境。一般说,这些力量将致使整个机器人,或者某一要素(诸如臂、腿或轮)运动。"①

白凯所说的"思想",意指该机器能够处理传感器传输的信息,独立(自主)做出决策;他所说的"自主",指机器一旦被激活,能够在很长一段时间里,在实在的环境中运作,无须外部控制。这个"机器人"的定义,不限于机电类型,也为未来的生物机器人留有余地,但不包括所谓虚拟或软件机器人。

20 世纪 70 年代,美国首先研发出制造业机器人,开机器人制造业先河;20 世纪 80 年代,机器人研发的领先地位转移至日本和欧洲;20 世纪 90 年代,日本、韩国、南非、德国、澳大利亚等国,机器人研发都表现出强劲的发展势头;直到 2010 年左右,美国才重整旗鼓,再次夺回机器人研发的前沿阵地。② 今天,机器人研发有以下几个活跃的革新领域:③

- 人—机器人互动(工厂、家庭、医院等)
- 机器人表现并识别情感
- 具有可控肢体的类人机器人
- 多重机器人系统

---

① George A.Bekey,"Current Trends in Robotics:Technology and Ethics", in *Robot ethics:the ethical and social implications of robotics*, edited by Patrick Lin, Keith Abney, and George A.Bekey, Cambridge:The MIT Press, p.18.

② George A.Bekey,"Current Trends in Robotics:Technology and Ethics", p.19.

③ George A.Bekey,"Current Trends in Robotics:Technology and Ethics", p.19.

● 自动化系统,包括汽车、航空器、水下交通工具

机器人工业蓬勃发展,其速度远远超出人们的想象。现在,各类机器人已经进入社会生活,广泛用于劳动与服务、军事与安全、科研教育、医疗保健、个人陪护、环境保护、娱乐等各个领域。不仅大大提高了生产效率,减轻了工人的负担和风险,而且为人们的生活带来许多便利。机器人不再是为人利用的纯粹工具,也在社会中发挥一定作用,甚至成为人类的朋友。

然而,随着机器人进入社会和人们的生活,必然提出许多现实的社会和伦理问题。正如最近几十年兴起和发展的计算机产业,不得不面对受许多未曾预料的社会伦理的挑战:企业裁员、隐私泄露、侵犯知识产权、现实世界异化、网络霸凌、网络安全、网瘾,等等。[①] 不难设想,机器人产业将会遇到比计算机产业更为严峻的社会和伦理挑战。有些风险和问题已经造成不良后果,明显摆在人们面前,有些则隐藏在未来机器人的行为结构和人机关系中,但并非不可预见。

为了叙述方便,我们根据机器人的不同用途,将机器人分为工业机器人、医疗机器人、家用机器人、军事机器人等若干类型,分别讨论它们提出的社会和伦理问题。

工业机器人

据国际机器人联盟(International Federation of Robots)估算,2008 年,世界已经有139 万个工业机器人实际用于生产。[②] 相信 12 年后的今天,有更多的机器人进入工厂和企业。

用成本相对较低的机器人取代工人,显然是经济赢利,增强工厂竞争力的明智选择。况且,机器人善长沉闷、肮脏、危险(3D)的工作,其效率往往优于工人。但是,我们不得不关注随之而来的社会问题。

首先,失业问题。机器人取代工人从事生产劳动,致使工厂裁员,导致数量不小的工人失业。大量裁员必将引发社会问题,增加工人的忧虑和恐慌。就像今天的电商挤垮许多实体零售商的现实一样,未来机器人或将大量取代产业工人。甚至诱使人们猜疑,随着智能机器人的发展,机器人是否将取代所有人的工作? 这不仅引起工人的负面情绪,而且关键在于,工人们需要工作,需要养家糊口。难道真像有人说的,失业者获得了自由,可以寻找更能发挥自身能力的工作,抗拒机器人带来的变化就是支持低效率? 政府的决策人、机器人的制造者和使用者,是否有责任考虑失业者的去向及未来?

---

① Patrick Lin,"Introduction to Robot Ethics",in *Robot ethics:the ethical and social implications of robotics*,edited by Patrick Lin,Keith Abney,and George A.Bekey,Cambridge:The MIT Press,p.3.

② George A.Bekey,"Current Trends in Robotics:Technology and Ethics",p.20.

其次,安全问题。早在 20 世纪 80 年代左右,工业机器人的使用便遭遇安全问题。安全问题可能会有如下因素造成:

第一,机器人技术不完善引发的安全问题。

1979 年 1 月 25 日,在美国密歇根州的一家福特制造厂,一个机器人整理仓库时手臂撞击一名工人头部,导致其死亡。1981 年,一名日本工人维修时,被机器人杀死。于是,人们用围栏将有潜在危险的机器人与工人隔离。然而,仍有人冒险攀越安全栏,被机器人杀死。因此,当人机共同作业时,如何避免或降低机器人出错,以保障人身安全,这是人们需要考虑的重要问题。新技术首先必须是安全的。20 世纪 90 年代,美国西北大学的佩石金(M.A.Peshkin)和科尔盖特(J.E.Colgate)研发了与人共担责任,合作执行任务的合作机器人(cobots),由人完全掌控动力,有效避免了机器人运动对人带来的潜在危险。①

安全显然依赖于机器人的设计和程序,某个微小的失误和缺陷,就有可能酿成严重的后果。例如,2007 年,南非军队部署的半自动机器人火炮故障,杀死 9 名友军,伤及 14 名其他人员。2010 年 8 月,美国军方无人机试飞过程中失去控制,侵入华盛顿特区禁飞区,对白宫和其他政府部门构成威胁。

第二,黑客则是干扰机器人安全运用的另一潜在危险,如何防范,是一个重要课题。它涉及计算机、软件、机器人技术、法律和道德。

当机器人进入制造业,与人共同作业时,自然产生人与机器人之间的交流与沟通,其中的任何误解都可能造成不良后果。因此,人们必须关注:如何从机器人的设计制造与人的行为两方面保障安全? 机器人进入市场或社会之前,应当达到多大的安全系数?

医疗机器人

"医疗领域应用的机器人,用于医院的材料运送、安保和监视、保洁、核辐射区监测、爆炸处理、药房自动系统、综合手术系统、娱乐等。手术机器人系统代表一种特殊的遥控机器人,容许外科医生实施精密的外科手术,远比传统的手术更精确,成功率更大。"②因为社会的迫切需求,人们对医疗机器人颇有期待,促进了相关研发事业迅速发展。医疗机器人运用范围广泛,包括诊断、护理、手术、物理治疗、矫正和康复等。这个领域要求更频繁的人—机器人互动,因而产生更多的社会伦理问题。最常见、且广泛使用的医用机器人有:

---

① George A.Bekey,"Current Trends in Robotics:Technology and Ethics",p.21.

② Spyros G.Tzafestas,*Roboethics:A Navigating Overview*,pp.47-48.

"护士助理"。最早的"护士助理"（nurse's assistants）机器人，是 Pyxis 公司销售的轮式"助手"（Helpmate），能够帮助护士运送药品、化验试样、仪器设备，病历等，穿梭在医院各科室病房之间，自动避免与人碰撞。

卡内基梅隆大学（Carnegie Mellon University）和匹兹堡大学（University of Pittsburgh）研发了一款名为"珍珠"（Pearl）的护士机器人，能够在病房看护老年人，提醒病人按照服药，提供相关信息，安抚病人。

还有一类机器人不与病人有任何物理接触，仅仅通过语音与病人互动，指导、安慰、鼓励、劝导病人，陪伴病人，帮助病人缓解不良情绪，早日康复。欧洲、日本、韩国，也有类似的研发。

护理机器人与人几乎是一对一的互动关系，其社会和伦理问题，主要体现在以下几个方面：①

- 病人可能对机器人产生感情依赖（分离即引起强烈不适）
- 机器人无法回应病人的生气或失望，除非有人的帮助
- 机器人可能为多个病人运用，无法确定优先次序，引发病人生气

手术机器人的典型例子是"达芬奇"（da Vinci），"在三维（3D）视屏的帮助下，提高外科医生的能力，使他/她能够更精确地实施微创手术"②。具体的操作方式是，由外科医生远程遥控实施手术的机器人，这种机器人已经为几百家医院使用。

手术机器人，正如《机器人伦理学导引》作者所言，即"医用机器人的主要分支，是机器人的'外科手术'（surgery）领域，在现代外科手术中，该领域日益壮大，地位显著。机器人外科手术的支持者主张，机器人协助外科医生实施外科手术，能够提高检测手段，增强可见度和精确度，其总体结果可减少痛苦和失血量，降低医院滞率，最终，可让病人尽快康复，返回正常的生活。"③

从另一个角度看，机器人用于手术，同样会产生一系列社会和伦理问题。例如，假设完成机器人手术之后，患者病情加重，出现并发症，谁对此负责？是机器人的设计者、制造者，还是建议使用机器人的医生或医院？假如已知手术可能存在风险，医生或医院仍建议使用机器人，这是否道德？多大的失败概率可以被判定为不道德？多大的风险可以为道德接受？医生确定使用机器人是出于患者需要，还是为了节省自己的时间或精力，抑或出于更令人不齿的目的？如果机器人生产商给使用手术机器人的医生回扣，将会怎么样？

---

① George A.Bekey, "Current Trends in Robotics: Technology and Ethics", pp.22–23.
② Spyros G.Tzafestas, *Roboethics: A Navigating Overview*, p.48.
③ Spyros G.Tzafestas, *Roboethics: A Navigating Overview*, p.81.

就算没有上述问题,也还是有我们必须面对的社会问题。手术机器人的使用,必须采取许多相应的安全措施。而且,其精度和准确性,至少不应低于医生。由此产生的问题是:越来越多地使用相对廉价的机器人做手术,可能造成外科医生的"勒德运动"①(Luddism 反对机器人化)。而且,外科医生的需求锐减,甚至导致外科医生手术技能的失传。这也许不是伦理学问题,但是,它也是我们必须考虑的社会问题。

另一个问题是个人隐私的保护问题。手术过程中,需要患者的大量信息,很容易被政府部门、雇主、保险公司和其他机构所窃用。窃取个人信息,侵犯个人隐私,既是道德问题,也是法律问题。因此,需要建立严格的防范措施。但是,真的有严格的防范措施吗?即便有,那么它有多大的可操作性?

家用机器人

"家用和家务机器人(domestic and household robots),是一种移动机器人和移动操作器,用于从事日常家务,诸如清洁地板、清洁泳池、制作咖啡、侍奉服务,等等。能够帮助老年人和有特殊需要人士(PwSN)的机器人,也包括在此类中,尽管它们也属于更为专业的助理机器人一类。今天,家用机器人也包括帮助家居的类人机器人。"②

机器人进入家庭已经成为现实。现在,不少家庭拥有吸尘清扫功能的简单机器人。相信不久的将来,会有更强大功能的机器人进入更多家庭,帮助人们料理家务,照顾孩子、做饭、看家,等等。家用机器人(Roomba Robot)将不再是奢侈品,而是成为人们的家居用品或家庭伴侣。这种机器人具有类似人的属性,与人的互动更频繁,更多样,更密切,亦称作仿人(类人)机器人(humanoid robot)。莫里的"神秘天谷"(Mori,1970)曲线表明,与人的"形似"程度,如何影响人对机器人的信任,提示机器人的设计者,必须充分考虑人的心理接受能力。技术的改善,对于似人机器人与人的相处和互动具有重要作用,如高灵敏度的传感器,安全的制动器,仿真声音和手势,都会增强人—机器人互动的效果。日本三菱重工研发的伴侣机器人"若丸"(Wakamaru)、法国 Aldebaran Robotics公司(法国奥尔德巴伦机器人研发公司)生产的实验室仿人机器人"闹"(Nao),以及德国 KIT 大学(卡尔斯鲁尔理工学院 Karlsruher Institut für Technologie)研发的厨房助理机器人 ARMAR(阿尔玛),都具有复杂的仿人性能,能够与人进行良好地互动。目前,估

---

① Luddism,勒德主义,简单地说,就是反对机械化和自动的倾向。最早发生于 19 世纪早期英国工人阶级。他们认为,机器夺走了他们的工作,他们试图通过破坏机器,来阻止机器的使用,以保住自己的饭碗。"勒德分子"(Luddite)一词起源于 19 世纪,指的是 1811 年至 1816 年间,一群有组织的英国工人及其同情者认为,机器夺走了他们的工作,他们开始破坏英格兰中部和北部的制造业机器。他们试图通过破坏机器,来阻止机器的使用,以保住自己的饭碗。这些新技术的敌人被称为"勒德分子"。

② Spyros G.Tzafestas,*Roboethics:A Navigating Overview*,pp.49-50.

计有数万台类似机器人被用于家庭和日常生活。机器人与人相处越密切,引发的伦理问题越多。例如:

- 如果允许机器人接触家庭所有地方,有可能泄露个人隐私
- 机器人可以接受不道德的命令(如盗窃邻居)
- 机器人的权利和义务问题:是否应当像对待人一样尊重他们?
- 情感关系:如机器人与愤怒者的关系,对机器人吼叫有道德问题吗? 机器人犯了错误,应当如何处罚?
- 机器人如何应对多人发出的不同指令?
- 机器人的使用将引发很多情感问题,尤其伴侣机器人或情人机器人

军事机器人

军事机器人是用于战争或作战的机器人。《韦氏词典》(*Free Merriam Webster dictionary*)把战争定义为:(1)"国与国、群组与群组之间的战斗状态或时期";(2)"通常公开宣布国家或民族之间军事敌对冲突状态";(3)"处于军事冲突时期"。①

对于战争,实在论者认为,战争是不可避免的。尽管有不少认为,"战争是坏事,因为战争导致有意识的杀戮或伤人,它从根本上是错的,是践踏受害者的人权。"②但是,不可否认的是,战争是人类历史的重要组成部分,古代著名的特洛伊战争、希波战争、伯罗奔尼撒战争、亚历山大东征、罗马—波斯战争、哥特战争、拜占庭—波斯战争、中世纪的十字军东征;近代欧洲几乎天天都在打仗;20 世纪让世界天翻地覆的两次世界大战、20 世纪下半期到 21 世纪,连绵不断的局部战争,从一个特定的角度,勾勒出人类发展的历史进程。在某种程度上可以说,世界文明史的进程,每一步都伴随着战争。或者说,战争是历史进程的助力器,尽管是以血腥的方式助力。

和平主义者反对战争,热爱和平。因此,和平主义实际上是"反战争主义"(anti-warism)。和平主义反对一般情况的杀戮,也反对特殊情况下,出于政治目的(通常发生在战争期间的)的大屠杀。③ 和平主义认为战争永远是错误的,没有道德基础。但是,当敌人打来,生灵涂炭时,和平主义等于是奖励侵略。人类面临的问题是,既然战争不可避免,随之而来的思考,无疑是战争是否有正义性可言,如果有,那么什么是正义战争。这是战争伦理学问题。军事机器人伦理学,涉及战争理论和战争伦理问题,笔者想多说几句。

---

① 转引自 Spyros G.Tzafestas,*Roboethics:A Navigating Overview*,p.140。
② Spyros G.Tzafestas,*Roboethics:A Navigating Overview*,p.141.
③ Spyros G.Tzafestas,*Roboethics:A Navigating Overview*,p.142.

四、军事机器人及其伦理学问题

通常说来,军事机器人活跃于地缘政治的敏感地区。自主的战争机器人包括导弹、无人战机、无人陆车、无人水下运行器等。《机器人伦理学》作者指出:"军事机器人正在受到政治家更多的注意,他们把大把的钱撒在这一研究上。关于这类机器人的伦理学,特别是致命自主机器人武器,处于机器人伦理学的核心地位。在现代战争中是否允许使用它们,存在着激烈的争论。与其他技术系统相比,这一争论更为激烈。"①

不言而喻,军事机器人的使用,会对人类道德提出严重挑战。今天已有数千军事机器人用于阿富汗、伊拉克和叙利亚战场,不仅能够有效保护士兵的生命,而且能够精准杀伤敌人。这些机器人也可用于政府部门、商业机构、工厂企业和家庭的安全防护。然而,问题在于,在瞬息万变的战场,机器人如何正确应对? 其复杂局面,是否最终必须由人发出指令? 如何实施? 即便将交战法律和规则统统输入机器人程序中,并要求机器人严格执行,那么,实际上如何保障机器人的行为在任何情况下更符合道德? 这类问题,还有许多,如:

- 如果机器人进驻一座建筑物,如何确保它不侵犯人类居住者?
- 进驻的机器人有权利吗? 对机器人哨兵的伤害或毁坏是否是犯罪行为?
- 如果机器人在保护人质,抓捕罪犯的过程中损坏了财物,谁负责赔偿?
- 运用日益精巧的自动机器人能够减少我方人员伤亡,这是否会降低参与战争的门槛?
- 军事机器人技术多长时间可为其他国家获取? 这种扩散有什么后果?
- 交战法则是否过于模糊含混,以至于根本无法作为战争机器人合伦理运用的依据?
- 军事机器人技术能否确保它们准确区分武装人员与普通平民?
- 机器人有无保险装置防止无意识运用? 例如,能否防止敌人的骇客,控制我方的机器人,利用它们攻击我方?

战争中使用自主机器人的情况与日俱增。在某种程度上可以说,战争机器人有使用,可以更快、更精准的完成作战任务,最大限度地避免士兵的牺牲。不过,反对使用自主战争机器人的声浪也不容忽视。简单说来,反对意见主要有三种:

- 不能为战争法编程。

---

① Spyros G.Tzafestas, *Roboethics: A Navigating Overview*, p.139.

- 让人离开战争区域本身就是错误的。

- 自主机器人武器降低了战争壁垒。

战争中使用机器人的伦理学问题,就其理论背景而言,是对于什么是战争、战争法和战争伦理学战争长达几千年的探讨。因为有这个长长的历史讨论的铺垫,当战争机器人出现时,人们才会讨论战争机器人伦理学问题以及相关的立法问题。机器人的战争不是游戏,而是真实的战争,受精密的机器、系统和方法指挥。因此,除了通常的战争伦理学问题之外,还有战争机器人专属的战争机器人伦理学。西方世界在这个方面的讨论,已经有大量的著述。笔者在这里不再展开讨论,只想表述到目前为止学界提出的问题。

此外,特殊环境,执行专门任务的机器人,统称特种用途机器人,包括军事机器人、营救机器人、深海机器人、探月机器人,等等,也向人类提出相应的伦理学问题。人类在使用先进的机器人时,必须先行考虑与之相关的法律、伦理学问题。

五、机器人伦理学的文化间际问题

机器人伦理学文化间际问题的提出,有几个要素,第一,自20世纪80年代以来,特别是冷战结束以后,受亨廷顿《文明的冲突与世界秩序的重建》的影响,文化间际问题受到国际学术界及政要的关注。在不同的主题上探讨文化间际问题,既是一种时尚,也是情势所需。第二,机器人伦理学跨文化问题的提出,与机器人在不同国家的研发和广泛使用相关。第三,日本在研发机器人方面处于世界领先地位,这一领先地位,吸引了西方学界的视线。因而西方世界格外关注日本文化与日本机器人伦理学问题。在探讨机器人伦理学的文化间际问题方面,西方世界主要关注日本。目前韩国机器人的发展势头也渐趋强劲,韩国文化和伦理学也进入他们的视野。这与日韩机器人研发和制造水平相关。

就目前情况而言,机器人伦理学展示的主要价值观是西方的。即便是日本的机器人伦理学,主要部分也是西方的。西方的机器人伦理学以西方世界的人道主义理念,特别是自启蒙以来的人道主义思想为基础。

"人是什么"——机器人伦理学形而上学的前提

我们已经说过,到目前为止,我们探讨的机器人伦理学,主要是西方世界对机器人伦理学的思考和探讨。首先因为目前西方世界在机器人研发方面遥遥领先。技术领先发展、大好的商机、对社会和人的生活的影响,已经在西方世界显现或正在显现出来。

这是导致西方世界率先思考机器人伦理学的主要推手。而且西方世界思维传统,历来是习惯于对任何问题做形而上学的追问和考察。换句话说,就是质疑和反思。"一般说来,机器人研究范围的伦理学,其核心关注必定是:警示机器人(尤其是自主机器人)设计、实施和使用过程中产生的负面影响。这意味着,在现实生活中,机器人伦理学应该提供道德工具,驱使并鼓励社会和个人,防止滥用机器人的技术成果反对人类。立法机构应该提供有效而正义的法律工具,打击和制止这种滥用,同时,对机器人滥用以及人类玩忽职守造成的伤害追究责任。"①尽管这是西方世界提出的机器人伦理学问题,不过,我们切不可以认为,这些问题只适用于西方世界。

事实上,只要把机器人用于医学(包括外科手术、其他治疗、康复)、日常生活、战争、安保等方面,人与自然、人与社会、人与人之间的伦理学问题就会出现。无疑,对于机器人伦理学问题的看法和解读,一定会有文化差异。但是,在机器人伦理学问题上,人们首先应该关注人类共同持有的价值。也就是说,注重人类伦理首选的最大公约数。这个最大公约数,不仅是可能的,而且是必需的。原因很简单,人类发明机器人,主要是为了造福人类。尽管这种发明涉及到人与自然、人与社会等,但是,核心是人。你可以将这指斥为"人类中心主义"。但是,实在想不出更多的理由证明,人类发明机器人是为了机器人本身,或者是为了其他什么力量。人就是出于人类自身的需要,才研制机器人。正因为如此,当我们思考机器人伦理学问题时,作为这种理论的支点,核心问题是"人是什么"?

"人是什么"的问题是康德关于"启蒙是什么"的核心问题。西方世界在探讨机器人伦理学问题时,依然秉持康德以降的启蒙思想。这个问题不是西方人的问题,而是人类的问题。这是全世界在解决机器人伦理学问题时,可能获得最大公约数的基础。机器人伦理学的跨文化问题,就是在这一前提下加以解决。

日本人在机器人研发上的领先地位,引起西方世界对日本人的机器人伦理学浓厚的兴趣

事实上,最先提出机器人伦理学文化间际问题的学者是西方学者。西方学者越来越重视文化间际问题,在某种程度上可以说,是受亨廷顿《文明的冲突与世界秩序的重建》的影响。亨廷顿在书中指出,冷战后的世界,由八个主要文明构成。它们是:西方文明、儒家文明、日本文明、伊斯兰教文明、印度文明、斯拉夫—东正教文明、拉美文明和可能的非洲文明。他认为世界格局将取决于八大文明的相互作用。"未来世界政治的

---

① Spyros G.Tzafestas,*Roboethics:A Navigating Overview*,p.2.

轴心"，将是西方和非西方国家之间的冲突。当下，享廷顿理论备受诟病，我们撇开东西方在政治、经济、制度等方面的差异以及当下的冲突不谈，仅限于机器人伦理学问题。

在西文图书论文资料库里搜索，我们看到，西方学者视野中不同文化的机器人伦理学，多为日本、韩国、零星地涉及中国。他们对于日本人的机器人伦理学的关注，给人以深刻印象。更重要的是，日本学者在研发机器人的同时，也提出了日本文化视野中的机器人伦理学问题。

通常认为，日本人的机器人伦理学，受两种力量的驱动：第一，日本本土文化和信仰，包括日本神道教和万物有灵论的伦理学。第二，受日本现代化进程和西方化驱动。日本的现代化就是全盘西化。西方的宪政制度、西方的科学技术、西方的价值观念等，在日本现代化进程中起决定性的作用，因此，日本的机器人伦理学首先是西方化的。不过西方学者似乎更重视日本的机器人伦理学与西方的差异。

第二次世界大战后，除了经济和工业发展之外，日本动漫影视创造出许多流行的机器人角色，它们被制成动画片在电影和电视里播放。如我们大家熟悉的铁臂阿童木，他是拯救人类，对抗邪恶的英雄，代表一种"儿童科学"。1952—1968 年在"光文社"的《少年》漫画杂志连载。该作品讲述了未来 21 世纪的少年机器人阿童木的故事。该作品先后多次被改编为动画片，其中 1963 年第一版电视动画片，是日本第一部电视连续动画片。《铁臂阿童木》刚问世时，轰动了日本。这个聪明、勇敢、正义的小机器娃娃几乎是人见人爱。《哆啦 A 梦》，描述一个宠物机器人漫画。该漫画叙述了一只来自 22 世纪的猫型机器人——哆啦 A 梦，受主人野比世修的托付，回到 20 世纪，借助从四维口袋里拿出来的各种未来道具，来帮助世修的高祖父——小学生野比大雄化解身边的种种困难问题，以及生活中和身边的小伙伴们发生的轻松、幽默、搞笑、感人的故事。这些作品确实仅仅是机器人科幻片。不应该被忽略的事实是，科学幻想本身与科学发展和人的想象力密切相关。这至少是当下科学和人类创造力的一种折射。

离开科学幻想领域，放眼现实，当今日本的现实情况是，随着日本老年人口数量急剧增长，日本进入老龄社会。日本政府与研究机构和机器人学会合作（如 JARA：日本机器人协会），研发并大范围地使用服务型机器人（家用机器人，医学/辅助设备机器人，社会化机器人，等等）。日本人所憧憬的机器人理想模式，是为了拯救人类而工作，因而，他们的设计理念呈现出机器人与人和谐共生的景象。在机器人快速发展的日本，文化及伦理问题，伴随着机器人的发展被提出来。尽管日本人对于抽象的问题，并没有西方人的那种兴趣和传统。

在西方人看来，应用伦理学问题的讨论在日本似乎并不普遍。日本学者则认为，事实并非如此，西方人所以这样看问题，是因为日本与西方的文化差异所致。日本学者北野武（Kitano）指出：日本"机器人的研究者并不试图纯粹地复制自然物和生命物。他们的目的不是用机器人替换（或取代）人，而是要创造一种新工具，目的是以任何可见的形式与人一道工作。"①在西方，机器人伦理学涉及：如何把机器人用于人类社会。也许是受阿西莫夫影响吧，西方总是在担心，机器人和发达的技术也许会转而反对人类，或有悖于人的本质。在日本，任何一个发展阶段，机器人（日本称作 robotto）被视为带来好处的一种机器；几乎没有任何邪恶的本质。日本人着眼于通过人、自然与机器人之间的对话，来理解机器人如何与真实的世界相关联。

Spyros G.Tzafestas 这样概括日本的机器人伦理学："日本的伦理学（Rinri）具有支配作用，将机器人纳入基于万物有灵论观点的伦理学系统。在人们眼里，机器人与其物主具有同等身份，只要物主以恰当的方式对待它（或它的精神），机器人就必须尊重物主，行动方式和谐融洽，一般情况下，表现为道德的行为。实际上，只有当物主使用机器人时，它们才可能获得身份认同。"②日本人似乎没有阿西莫夫式的担忧，自己制造的机器人会转而反对自己，这种可能性，至少是当今的日本机器人制造者不考虑的问题。由于他们相信万物有灵，所以他们习惯上认为，山川、河流、树木甚至石头都是有灵魂的。日本人是带着感情看待一切事物，对于人工制品和机器人，他们也持这种观点。进入他们生活的机器人仿佛是他们的家庭成员，服从他们，与他们和睦相处。这一相处方式，体现了设计者的文化理念：个人与社会不可分割，社会和谐高于个人的主体性。在日本文化里，机器人没有个人主义思想，他们会服从家庭、团体，忠于职守，不存在反抗人类的问题。可以说，日本与西方对于机器人伦理学的态度，源于各自的文化。

按照希马（Himma）的看法，"要界定文化间际伦理学架构，可能而且必须依次经历两个不同阶段，即：

● 对各种文化的不同道德体系进行描述性分析（经验的考察结果）。

● 对这些道德体系以及相应的目的进行规范性分析，制定普遍的（或近乎普遍的）道德原则，应对与计算机技术/机器人学相关的伦理问题。"③

这两个步骤，目的是在不同文化之间，就机器人伦理学问题达成共识。这是一个困难的工作。就日本与西方价值体系而言，西方的机器人伦理学，基于西方人对"自主权"和"责任"的理解。而日本人很难理解西方式的自主权和责任。日本人对生活中的个人、用品和事件充满情感，表露出强烈的敏感性，"致使他们对'抽象的讨论'很少兴趣，而是借助机器人以及 ICT（信息和计算机技术）直接表达情绪"。因此，在日本，机器

---

① 转引自 Spyros G.Tzafestas，*Roboethics：A Navigating Overview*，p.162。
② Spyros G.Tzafestas，*Roboethics：A Navigating Overview*，pp.160–161.
③ 参见 Spyros G.Tzafestas，*Roboethics：A Navigating Overview*，p.166。

人似乎总是"连带某种形象：

- Iyashi（治疗、平静）

- Kawai（聪明伶俐）

- Hukushimu（生机盎然）

- Nagyaka（和睦、文雅）

- kizutuku-kokoro（敏感的内心）"①

"这些形象与日本人的'主体间际敏感性'（intersubjective sensitivity）或'情绪位置'（emotional place）是不可分割的。换句话说，日本机器人与人的互动似乎沉浸在文化背景中，抽象概念和讨论无足轻重，更重要的是交流和互动，因为它们的基础是间接引发的情感和情绪"②。因此，超越文化差异，在机器人伦理学方面达成共识，在许多学者看来，几乎是不可能的。至少也是非常困难的。不过，随着机器人在世界范围内的使用越来越广泛，寻求不同文化间际共同的机器人伦理学，势在必行。更重要的是，在机器人使用方面，特别是为外科手术机器人、战争机器人等类机器人的研制和使用确立国际法则，也迫在眉睫。因为是否有相关的立法，是否有形成共识的机器人伦理学，事关人类自身的安全与和平。在这一问题上，过分强调文化差异是不明智的。

六、结　语

机器人学关注的核心问题是，如何使机器人造福人类，同时使人类得到应有的保护，不至于使机器人伤害人类（三大定律）。当谈论如何最大限度地减少机器人对人类的可能伤害时，人们自然以为，可以通过程序，控制机器人服从我们的命令。然而难点在于，假如输入的程序有悖于道德，岂不酿成一场灾难。于是随之而来的问题是：我们应当给机器人输入什么样的道德指令？道德指令又如何在具体的环境下得以实现？科学技术能否保证机器人的行为应对不同的人际关系，遵守道德指令？如此等等。此外，机器人的使用还必然普遍触及法律、环境、心理等各个领域，都会间接地引发许多人类伦理问题。如下问题，是我们必须重视的问题：

- 有无为人类普遍认同的机器人道德指令？如果没有，有无设计制造自动杀人机器人的法律或道德风险？

- 机器人是否纯粹的工具，如同计算机，始终受人控制？

---

① Spyros G.Tzafestas, *Roboethics : A Navigating Overview*, p.167.

② Spyros G.Tzafestas, *Roboethics : A Navigating Overview*, p.167.

● 机器人能否取代人的道德责任？例如，陪伴老人的机器人能否代替儿女尽孝？

● 研发用于其他目的伴侣机器人，诸如酒伴侣，性伴侣等，有无道德问题？

● 根据什么将机器人看作"人"（person），赋予机器人以权利和义务，不单纯将其看作使用的"奴隶"？

● 我们对机器人有什么特殊的道德义务？

● 在什么程度上，机器人实施的技术监控成为需要司法许可的"调查"？

● 将机器人安置在掌握职权的岗位，诸如警察、保安、狱警、教师或其他政府职务，让人服从机器人，有无道德上的疑惧？

● 人类社会是否有依赖机器人的危险？是否会产生对机器人的情感依赖？倘若我们的情感为机器人所苦难，是好是坏？

● 在人类伴侣和人际关系中，有什么不能为机器人所取代？

● 机器人工业将对环境产生什么影响？

● 我们是否可能面临广泛运用社会机器人的巨大变化？如果可能，根据什么原则预见其潜在危险？

当我们在日常生活、政治、经济、医疗、军事方面使用机器人时，我们必须考虑这些问题。虽然这些问题目前也许还无解，但是，提出问题本身，就是走向答案的关键一步。

社会广角

应对风险社会
——对新冠病毒疫情全球大流行的反思

程倩春[①]

2019年12月,新型冠状病毒肺炎COVID-19病例在中国被发现。中国境内疫情很快得到控制,然而,疫情迅速在全球蔓延。时至今日,这一全球性的重大公共卫生事件仍然在不断扩大。新冠病毒疫情的后果是灾难性的,其影响更是深远的。就像《人类简史》作者尤瓦尔·赫拉利所指出的,风暴终将过去,人类继续存在,我们中的大多数人仍将活着,但将生活在另一个世界。这绝对不是危言耸听。新冠病毒疫情全球大流行将会颠覆我们过往对世界的认知,改变我们与外部世界,乃至彼此之间的关系。新冠病毒疫情全球大流行又一次揭示了一个残酷的事实,即现代人类已经生活在德国著名社会学家乌尔里希·贝克所说的风险社会之中。在风险社会中,"生产力的指数式增长,使威胁和潜在威胁的释放达到了一个我们前所未知的程度。"[②]那么,身处风险社会真的意味着生活在文明的火山之上吗?新冠病毒疫情是如何揭示了现代人类所面临的共同困境?我们又该怎样来应对风险社会的挑战呢?

一、风险社会理论

1986年,乌尔里希·贝克的《风险社会》一书出版。在这部著作中,贝克提出了"风险社会"概念,阐述了其风险社会理论。《风险社会》出版后,引起强烈反响。人们普遍认为,"从许多方面看来,这部著作不仅富有创见地对我们当前的现状进行了深入探索,也为我们了解未来提供了一个预言式的视角。"[③]在1998年出版的《世界风险社会》中,贝克又讨论和回答了关于其风险社会理论所引起的批评,明确提出了世界风险社会概念,进一步深化了他的风险社会理论。时至今日,风险社会理论在社会理论界、政策研究界和公众中的影响日益显著。

---

① 作者系北京市社会科学院哲学所研究员,研究方向:科学技术哲学。
② [德]乌尔里希·贝克:《风险社会》,何博闻译,译林出版社2004年版,第15页。
③ [英]芭芭拉·亚当等编著:《风险社会及其超越——社会理论的关键议题》,赵延东等译,北京出版社2005年版,第1页。

贝克认为在世界范围内,当代社会正经历着一场根本性变化。这一变化就是,人类社会开始进入"风险社会"时代。"风险的概念起源于现代社会的早期。它标志着与过去决裂和面对开放的未来的努力。风险思想看来最初是在两个背景下出现的:它起源于探险家们前往前所未知的地区的时候,还起源于早期重商主义资本家们的活动。"①风险社会的形成以对风险的现代理解为前提。人类社会从蒙昧走向文明,从简单走向复杂,从贫困走向富庶的征程中始终伴随着或大或小的风险。贫穷风险、健康风险、技能风险曾经长期困扰着人们。但是,在传统社会,风险本质上是个人的和有限的,不足以威胁整个社会和全人类的生存和发展。风险社会的风险主要是指生态风险和高科技风险以及由它们转换而来的风险。这些风险的存在使地球上所有的生命形式都处于危险之中,使风险成为人类社会的基调,从而使得人类社会由工业社会转变成了风险社会。

贝克深刻剖析了现代风险的本性,为人们理解风险社会奠定了基石。在贝克看来,现代,"风险可以被界定为系统地处理现代化自身引致的危险和不安全感的方式。"②"风险,首先是指完全逃脱人类感知能力的放射性、空气、水和食物中的毒素和污染物,以及相伴随的短期和长期的对植物、动物和人的影响。它们引致系统的、常常是不可逆的伤害,而且这些伤害一般是不可见的。然而,它们却基于因果解释,而且最初仅仅是以有关它们的(科学的或反科学的)知识这样的形式而存在。因而,它们在知识里可以被改变、夸大、转化或者消减,并就此而言,它们是可以随意被社会界定和建构的。"③一方面,现代风险不同于传统风险,它不是局部的有限的个人的风险,而是一种全球性危机。诸如瘟疫、饥荒和自然灾害等传统威胁影响的往往是个人或特定区域特定群体。现代风险则完全不同,它们"跨越了生产和再生产,跨越了国家界限。在这种意义上,危险成为超国界的存在,成为带有一种新型的社会和政治动力的非阶级化的全球性危机。"④另一方面,现代风险区别于传统风险,它不是可以感知的明确的,而是不可感知的不确定的。在传统社会中,人们的生产和生活时常遭受各种自然的和人为的灾害和磨难的威胁,比如食品短缺、医疗卫生水平和条件低下、生存环境恶劣,等等。这些危险往往是现实的、明确的和可以感知的。人们感受到的最大威胁是日益增长的物质需求得不到满足。现代风险则不涉及已经发生的损害,主要表现了一种对未来的预测,是一种预期的风险,是一种对未知危险的恐惧和不安全感。它们主要是人为制造的不确定

① [英]安东尼·吉登斯、克里斯多弗:《现代性——吉登斯访谈录》,尹宏毅译,新华出版社 2001 年版,第75 页。
② [德]乌尔里希·贝克:《风险社会》,何博闻译,译林出版社 2004 年版,第 19 页。
③ [德]乌尔里希·贝克:《风险社会》,何博闻译,译林出版社 2004 年版,第 20 页。
④ [德]乌尔里希·贝克:《风险社会》,何博闻译,译林出版社 2004 年版,第 7 页。

性,依赖于科学和社会的建构。科学自身发展潜在着产生风险的可能,更多更好的知识正在成为新风险的发源地。诸如气候变化、空气污染、水土污染、核辐射究竟能否以及怎样威胁人类,这些风险的定义常常涉及专门复杂的知识,科学家和大众媒介往往享有解释权和定义权。从而风险处于安全和毁灭之间的特定的中间地带。"这种独特的现实状态——可称为'不再——但还没有':不再有信任安全,但还没有毁灭灾难——正是风险概念所要表达的,也使它成为一种公共参照框架。"也就是说,现代风险往往是一种虚拟的现实和真实的虚拟。

贝克深刻揭示了现代风险产生的根源和机制,有助于人们全面认识当今社会。在传统社会,人们对于外部世界和人类自身的认识与了解还极其浅显,相应的,人类抵御来自自然与社会生活压力的能力也极其不足,从而人们常常感到生存受到威胁。然而,"工业社会前的灾难,无论有多大多惨烈,也只是来自'外部的'对人类'命运的打击',可以归责于一种'另外的'力量——上帝、恶魔或自然。"①也就是说,传统风险主要源于对外部世界的无知和人类自身的弱小。现代风险则不同,它是工业化的一种大规模产品,是伴随着财富的社会生产和科技的高度发展而产生出来。现代风险"不同于'战争损害'之处在于它们的'正常出生',或者更准确地说,在于它们的合理内核方面的'和平本源'以及在法律和规则这个保证人的庇护下的繁荣兴旺。它们不同于工业社会前的自然灾难之处在于其在决策制定方面的渊源,这种决策制定当然从来不是由个人作出的,而是由整体组织机构和政治团体作出的。"②也就是说,现代风险是建立在决策基础上的,是符合工业社会的普遍政治规则需要的制度事件,是现代化的副作用。在商业、农业、法律和政治的现代化过程中,"与高度分化的劳动分工相一致,存在一种总体的共谋,而且这种共谋与责任的缺乏相伴。"③事实上,现代风险是科学家、商业公司、政治家、大众媒介和公众的有组织的不负责任的结果。它以"潜在的副作用"的形式,诞生于科学化的文明之中,从而使自身合法化。

贝克深入分析了现代风险的分配、扩散以及避免和管理风险等重要问题,为人们认识和应对风险社会提供了一种新的参考框架。贝克认为,同阶级社会类似,在风险社会,承担、处理、避免或补偿风险的可能性和能力在不同阶层之间也存在某种不平等分配,但是,从根本上说,这种风险分配的不平等在缩小甚至消失。因为现代风险具有全球化的内在倾向。由于有毒化学品和污染物与工业世界的自然基础和基本生活过程纠缠在一起,伴随着风险的扩散,在风险社会,所有人,无论是穷人还是富人,也无论是风

① [德]乌尔里希·贝克:《世界风险社会》,吴英姿等译,南京大学出版社2004年版,第68页。
② [德]乌尔里希·贝克:《世界风险社会》,吴英姿等译,南京大学出版社2004年版,第67—68页。
③ [德]乌尔里希·贝克:《风险社会》,何博闻译,译林出版社2004年版,第36页。

险的生产者还是受害者,都不得不承受风险的报应。特别是,现代风险不仅对人们赖以生存的自然造成了严重威胁,"它们同样威胁着财富、资本、工作、贸易联合力量、整个部门和地区经济基础,以及国家和世界市场的结构。因此,存在着对自然的'副作用'及在第一现代性的基础制度之中的'副作用的副作用'。"①也就是说,在风险社会,风险不是单一的,是可以转换的。技术风险常常会自我转换为经济风险、市场风险、健康风险、政治风险等。从而,现代风险不仅正在造成生态的贬值和剥夺,而且,开始瓦解和粉碎构成工业社会的文化和传统的基础,使其不断丧失传统特性。在风险社会,与"核心家庭的传统"联系在一起的婚姻、亲子关系、性、爱等事物开始改变;以新的多元化不充分就业形式出现的职业体系使得大规模失业带来的危机日益增大;科学—技术发展的连续性与非连续性的矛盾,使得科学在被普遍化的同时,也被神秘化了;被制度化为"进步"的亚政治取代政治成为塑造社会的主要力量。这一切改变将使得整个人类社会陷于深刻的社会性危机之中。

贝克认为当今世界风险几乎无处不在,以至于人们每天喝的茶里有滴滴涕,买的蛋糕里有甲醛,世界风险社会正在形成。而且,时不我待,危险正在从潜在性走向现实性。而危险的每一次证实都意味着无可挽回的自我毁灭。然而,由于现代风险常常采用化学公式、生物语境和医学诊断概念来表达,不能直接被经验检测到,只在科学思维中存在,这就给风险的预防和管理设置了困难。出于各自利益与诉求的考量,有组织的不负责任行为大量存在,人们或者否认风险的存在,或者以可接受风险来规避风险。因而,贝克主张开展关于现代化风险的公共讨论,重新认识现代科学,现代化和技术进步等观念,重新评估现代化的副作用,在世界范围内,弘扬风险意识,坚持自我批判,形成一种新的社会凝聚力,以共担风险的全球道德来应对风险。

总之,"'现代化风险'是我们在其中对文明固有的对自然的伤害和破坏进行社会性把握的概念安排和范畴设置。"②但是,任何看似微小的风险一旦成为现实,都可能对人类社会造成巨大威胁。贝克提出的风险社会的概念及其理论,构建了一个全新的理解现代化实践与未来发展的社会学理论,为人们在当代社会有效地减少风险和合理地分配风险以及共同抵御风险进行了有益的探索。

二、新冠病毒疫情与风险社会

今日世界,新冠病毒疫情流行趋势仍在持续。全球已有数百万人被病毒感染,二十

---

① [德]乌尔里希·贝克:《世界风险社会》,吴英姿等译,南京大学出版社 2004 年版,第 83 页。
② [德]乌尔里希·贝克:《风险社会》,何博闻译,译林出版社 2004 年版,第 98 页。

多万人致死,未来还可能有更多的人被感染,更多的生命会逝去,人类生命安全受到严重威胁。与此同时,新冠病毒疫情全球大流行,增加了全球经济衰退的风险。"根据经济合作与发展组织(OECD)在3月初的预测,如果中国疫情峰值出现在第一季度,并且在其他国家的爆发可控,2020年全球GDP增长率将下降到2.4%,中国GDP增长率将同比下降到5%以下。"①疫情之下,人们固有的生活方式,价值观念,伦理意识乃至消费能力和交往关系等都受到了强烈冲击。这一切都表明,新冠病毒疫情已经不是一个单纯的公共卫生事件,其蕴含着复杂的社会、经济、政治和文化的意义。

首先,新冠病毒疫情全球大流行强化了人们对风险社会的感知。在贝克的风险社会理论中,无论是生态风险还是科技风险,它们可能产生的巨大威胁大多是潜在的、不可感知的。在社会学家和未来学者讨论中,气候变化等生态风险和人工智能、基因编辑等创新技术带来的科技风险,关乎人类命运,影响人类未来发展。对于社会中的大部分人来说,上述风险并不紧迫。如果不经过专门检测,人们无法感知充斥于日常生活饮用水中的农药、肉蛋中的抗生素等有毒有害物质的残留。甚至有些国家、地区或企业会从风险产物中获利,从而,风险有意无意地被低估。尽管贝克等社会学家不断提醒人们世界风险社会已经来临,身处风险社会的大多数人却并不重视风险问题,常常漠视和回避风险问题。

新冠病毒疫情全球大流行揭开了风险社会的面纱,让人们清晰地感受到人类社会已处于风险之中。新型病毒以其特有的本性成为影响风险社会最重要的因素之一。一直以来,疾病是影响人类健康和寿命的重要因素。人类罹患几百种疾病,其中许多疾病尤其是致命传染性疾病是由病毒引起的。科学研究已经发现,病毒是比细菌还要微小和简单的致病因子。大多数病毒只有在电子显微镜下才能被人们看见。它们仅仅由DNA或RNA(两者只具其一)和蛋白质外壳组成。病毒不是活细胞,不能自我繁殖,只有寄生在活细胞中才能繁殖。致命病毒的存在给人类生活带来了巨大的不确定性。一方面,人们对病毒的了解还极为有限。病毒最初是寄生在动物身上的。人类在驯养动物、饲养宠物、食用肉制品的同时,病毒由动物传染给人,引发人类疾病。现代许多专属于人类的传染性疾病,如天花、流行性感冒、麻疹等都源于动物疾病。通过现代医学科学研究,人们已经确认了几百种病毒。但是人们并不可能了解生态系统中存在的所有病毒。引起此次全球性重大公共卫生事件的新冠病毒就是一种全新的病毒。伴随着人类活动的扩张,尤其是人们的探险、狩猎活动的进行,人与动物尤其是野生动物的直接接触不断增加,新型病毒进入人类社会的危险也随之增大。另一方面,"病毒'不能按

---

① 联合国开发计划署驻华代表处:《新冠防疫疫情对中国企业影响评估报告》,2020年,第1页。

逻辑地放在一个严格的生化或严格的生物学范畴中,它们太复杂而不能看成是通常意义上的大分子。因而生理上和复制方式上存在的太大歧义,使它不能被称为传统的活的生物体。'"①但是它们具有强大的适应性和灵活性,它们可以在人体内不断演化和变异,从而很难被彻底消灭。比如引发艾滋病的病毒可以在病人体内演化出新的抗原,来破坏病人的免疫系统。据研究新冠病毒也在传播过程中发生了变异。新冠病毒疫情已经持续数月,在现代医学条件下,人们对病毒的致病机理的认识仍然不够完全充分。可见人们对病毒的本性的清晰认识还任重道远。特别是,由于分子生物学和基因工程技术研究的不断突破,实验室合成病毒的风险日益加大,这也是风险社会的风险日益为人所感知的一个重要原因。

其次,新冠病毒疫情全球大流行与高度现代化有着密切关联。从自然选择的观点来看,病毒同人类一样,也是自然选择的产物。它们使人类生病不过是为了使自身增殖和向适于生存的地方传播的演化策略。"我们疾病的许多'症状',实际上不过是某种非常聪明的病菌在改变我们的身体或行为以便使我们帮助传播病菌时所表现出来的一些方式而已。"②正是由于病菌传播的需要导致了传染病的产生。而传染病的流行需要满足一定条件。为了维持自身的存在,急性传染病的流行需要有足够多的人口,足够拥挤的稠密人口。研究表明,麻疹可能会在任何少于50万人的人口中消失。

塑造现代文明的现代化进程是伴随着城市化和全球化而展开的。而城市化和全球化为急性传染病的全球大流行准备了条件。迄今为止,人类社会经历了三次大规模的城市化进程,即以英国为代表的欧洲城市化进程、以美国为代表的北美城市化进程和以东南亚新兴工业化国家为代表的发展中国家城市化进程。目前,世界主要发达国家已经完成了城市化,发展中国家正在城市化进程。城市化过程中,大量农业人口离开乡村,进入城市成为城市市民。人口在城市迅速而大量集中。在大城市和超大城市中,人口动辄超百万千万。丰富多彩的城市生活方式使大量人口经常性地聚集在工厂、超市、餐馆、影院和海滩等生产生活和娱乐休闲场所。人们的日常生活也同生活在城市中的其他人紧密地联系在一起。任何人都必须紧紧地依附在整个社会中才能维持基本的生活节奏。而且,一些发展中国家大城市的生活环境极其恶劣,大量人口生活在卫生条件极差的拥挤狭小的空间里。这种情况下,一旦爆发急性传染病,其大流行就极可能是大概率事件。与此同时,全球化也是现代化进程的重要成果。在全球化过程中,"世界人

---

① [加]保罗·萨加德:《病因何在——科学家如何解释疾病》,刘学礼译,上海世纪出版集团2007年版,第196页。

② [美]SMU 雷德·戴蒙德:《枪炮、病菌与钢铁——人类社会的命运》,谢延光译,上海译文出版社2000年版,第203页。

口爆炸；近年来参与世界经济的国家数量翻番；技术进步的速度加快及其在世界范围内传播速度的加快；商业、公司网络以及金融和资本流通的自由化达到前所未有的程度。"①全球化直接的表现是时空压缩。通过四通八达的高速公路、铁路和航空线路，世界各个地方都被紧密地连接起来。人们可以短时间内到达世界各个角落。这种全球化的高流动性也为病毒和疾病的快速大范围传播打开了方便之门。

再次，新冠病毒疫情全球大流行的影响既是全球性的也是历史性的。

从病菌的角度看，使人类生病是符合病菌的利益的。而且，只要传染性足够强，杀死人类宿主并不会阻断病菌的传播。从而致命病菌对人类生命和健康的威胁是不可估量的。在人类文明发展历程中，由致命病菌引发的急性传染病的大流行曾经多次发生。公元14世纪到18世纪，人类历史上最严重的传染病——黑死病肆虐欧洲，导致30%—50%的欧洲人口死亡，引发了人们对天主教的信仰危机、对犹太人的迫害和劳动力的大量短缺。灭绝印第安人的元凶——天花，在最终被人类消灭之前，肆虐人类社会3000余年，共造成约三亿人死亡。爆发于第一次世界大战期间的西班牙大流感，在两年间，经三次大流行，感染世界1/3人口，死亡至少5000万人。起源于印度的霍乱，在成为世界性传染病以来，已经爆发七次大流行，第七次世界大流行至今仍然在持续。每年新增霍乱病例数百万，死亡十万人左右。显然，在医疗卫生水平低下，公共卫生制度不健全的传统社会，疫病大流行对人类社会具有巨大的破坏力。

在医学科学技术水平比较发达，公共卫生制度比较完善的现代社会，传染病仍然是人类社会的重大威胁。从遗传角度来看，病菌的繁殖与进化的速度很快，尤其是RNA病毒及单链病毒由于遗传稳定性差而具有更强的变异能力。对抗病毒的有效方法是研制疫苗和抗病毒药物。由于现代医学科学水平和社会生产能力的制约，疫苗和药物研发和生产供应无法在疫情暴发后的短期内完成。因而新型病毒传染病一旦爆发，就极可能迅速流行并产生严重后果。本次新冠病毒疫情的爆发和全球大流行的破坏力不容忽视。一方面，新冠病毒疫情影响波及全球。几乎全球所有国家都有疫情暴发。许多国家有数量巨大的人员感染和死亡。为了尽可能的保护人们的健康，挽救人们的生命，绝大多数国家采取了封城居家隔离等强制措施，经济和社会生活几乎按下了暂停键。在世界各国的经济、政治、文化交往日益紧密的全球化时代，经济社会停摆所要付出的代价可能是巨大的。经济衰退、失业率上升、社会问题凸显等问题可能在较长时间困扰着人们。另一方面，新冠病毒疫情对现代社会的影响可能是历史性的。疫情之下，世界将发生重大改变。因为新冠病毒的发展轨迹不仅同其自身性质相关，也同文化等因素

---

① ［德］赫尔穆特·施密特：《全球化与道德重建》，柴方国译，社会科学文献出版社2001年版，第22页。

相关。美国政治学家福山认为,疫情之后,新自由主义将在西方社会终结,人们将回到20世纪50—60年代的自由主义,即市场经济、私有财产和高效国家三者的并存。尤瓦尔·赫拉利认为,人们应对疫情的诸多决策,不仅会影响各国的公共卫生和医疗保障系统,而且会影响经济、政治和文化。无论人们的判断是否正确,可以肯定的是,由于新冠病毒疫情的历史性影响,一些重要的改变一定会发生。

三、应对风险社会

显然,风险社会理论揭示了现代性的内在矛盾,即"维持我们共同生活的手段恰恰是对人类共同生活的主要威胁。"①新冠病毒疫情全球大流行,则以一种残酷的方式将这一矛盾展开在人们面前。种种现象表明,风险社会已经不仅仅是一种概念安排。如果我们不能面对现代性自身制造出来的这一矛盾,并找到解决办法,那么,现代性风险终将成为现实。进步的幻想终将被打破,人类社会的生存与可持续发展也将面临严重威胁。

事实上,许多有识之士早已认识到现代化风险的严重威胁并积极探讨风险社会的解决之道。1962年,生物学家蕾切尔·卡逊以震惊世界的著作——《寂静的春天》揭示了有毒化学农药对全球生态环境的重大危害。1992年11月,相关科学家联盟发表了名为《世界科学家对人类的警告》的宣言。宣言指出,"人类和自然界正在相互冲突。——如果不制止目前的许多破坏性活动,那么,未来的人类社会、动植物世界将处于极大的危险中,我们所生活的世界将不再以我们熟悉的方式'支持'各种生命而发生改变。"②宣言呼吁对地球及地球上的生命的现有管理方式进行重大改变。新冠病毒疫情发生全球大流行后,2020年4月,联合国教科文组织下属的国际生物伦理委员会和世界科学知识与技术伦理委员会发布题为《全球视角下的伦理考量》的联合声明。声明呼吁人们抛开分歧,共同思考针对新冠病毒疫情的伦理上可接受的解决方案。贝克也建议"开放过去非政治化的决策领域,对其进行民主地审视,——在不同的文化框架下重新建构风险及风险管理的社会定义,要求我们找出风险冲突和范畴的那些(消极)力量,它使得那些本不愿互相交流的人们被迫形成一个分担(全球)风险的社区。"然而,迄今为止,对于风险社会及其应对风险社会,人们还没有达成普遍共识。

---

① [英]安东尼·吉登斯,克里斯多弗:《现代性——吉登斯访谈录》,尹宏毅译,新华出版社2001年版,"导论"第19页。
② [美]希瑟·纽博尔德编著:《生命的故事——世界著名科学家回顾生活、展望地球生命的未来》,甄宏等译,中国人民大学出版社2004年版,第175页。

为了有效地应对新冠病毒疫情这一全球性重大突发公共卫生事件,更是为了应对及超越风险社会,给人类争取一个可持续发展的美好未来,全社会必须高度重视现代化风险并迅速行动起来。鉴于风险社会存在的诸多矛盾及其导致的不确定性,应对风险社会需要政治经济文化及社会治理等方面的根本改变。而一切行动上的改变都需要以人们在思想意识方面的改变为前提。对人类大脑的神经生理学研究表明,人类意识是人的精神活动的至高形式,是处于觉醒状态的精神活动。人类意识在人们认识和实践活动中发挥着重要的能动性作用。因此,超越风险社会需要建立适应风险社会的共同意识。

首先,应对风险社会需要建立风险意识。在现代社会,风险已经成为人们理解世界的无所不包的背景。无论是确定性知识的增长还是无意识和非知识的增长都可能制造更多难以克服的风险。这就是贝克所说的"风险陷阱"。而"风险的影响之所以会扩大,正是因为没有人了解它们或是希望了解它们。"[①]比如,有些人坚持认为是人们感知的风险而不是现实的风险在增加,而感知到的风险在增加是一群有影响力的社会成员以一种强有力的方式建构出来的假象。事实上,人们对风险的认识越少,越可能产生更多的风险。因而,必须以风险意识取代传统的保险意识。一方面,风险意识的建立有助于人们深刻而全面地感知风险,了解风险。因为拥有风险意识,人们会时时保持对现代性的批判和审视的态度,高度警惕可能威胁人类社会发展的诸多风险;另一方面,风险意识的建立有助于人们尽可能地减少风险,合理地分配风险。面对作为人造的混合物的现代性风险,以往限制和控制风险的努力可能会变成更大的不确定性和风险。"在风险社会,过去失去了它决定现在的权力。它的位置被未来取代了,因而,不存在的、想象的和虚拟的东西成为现在的经验和行动的'原因'。"[②]从而,拥有风险意识,人们将放弃以往的使不可预测的东西变得可预测了的风险计算方法,不再以现在的安排规划未来,而是以对未来的可能预测来安排现在,不断采取灵活、多样的政策措施,这样才有可能抓住风险可能带来的机会以对抗风险。

其次,应对风险社会需要建立责任意识。在风险社会中,现代化风险的灾难性后果在不断被感知的同时却经常被否认和掩盖其起源,其根本原因在于没有一个人或一个机构似乎明确的为任何事负责,这就是贝克所说的有组织的不负责任。正是有组织的不负责任,使得"我们面临这种矛盾:就在威胁和危险被认为变得越来越危险、越来

---

① [英]芭芭拉·亚当等编:《风险社会及其超越——社会理论的关键议题》,赵延东等译,北京出版社2005年版,第333页。

② [德]乌尔里希·贝克:《风险社会》,何博闻译,译林出版社2004年版,第35页。

明显时,它们日益变得无法通过科学的法律的和政治的手段来确定证据、原因和赔偿。"①因此,应对风险社会必须消除有组织的不负责任。在风险社会,没有人是主体,而同时所有人又都是主体。无论个人、机构还是政府都要承担应该承担的责任。责任在现代社会是一种重要的价值。"责任意味着更多的自主性,意味着自己掌控自己的命运。"②一方面,每个人都不能回避"人应该这样生活"这一苏格拉底之问。"一直以来,在所有社会里,人们都认可这样一种伦理观念:只因为我是这个人,只因为我处在这个社会环境中,就可以对我提出这样的要求。我们今天的社会仍然认可这样的观念。"③也就是说,社会中的每个人因其与他人和所属群体的关系就有着不可推却的责任和义务;另一方面,现代化风险的生产是许多个人和机构共谋的结果。在日益严重的现代化风险面前许多人都不无辜。现代化风险的后果也正在超越种族、民族、阶级、国家的界限,为全人类所共同承担。因此,"在这个世界上,所有的个人都必须使自己同这个现代矛盾和解,通过制订一项有关自我的'反射计划':每个人都必须掌握自己的个人航向,泛舟于现代社会的威胁和希望之间。"④"德裔美国学者汉斯·约纳斯的责任伦理学说也主张,每个人都有责任给后人留下一个我们自己也希望看到的地球。"也就是说,每个人都要对自己的行为负责任,即"对自己的行动或者不行动的结果承担责任(这意味着也要对没有料到的副作用和失误负责)。"⑤

第三,应对风险社会需要建立合作意识。在风险社会中,无论是生态风险还是科技风险以及转换而来的经济风险、社会风险和文化风险既是全球性的,又是全体性的。它们涉及个人和社会组织的每一个层面,包括科学家、商人、媒体人、普通公众,社会团体和社会组织等。因而风险管理和风险治理也不能单独依赖个人的力量来实现,而需要建立合作意识,在全球范围内开展广泛的合作,通过全球团结,共同应对风险社会。标准的进化理论表明,合作同竞争一样,也是一种进化策略。合作可以实现互利共生和互惠。在人类进化过程中,类人猿的策略性合作逐渐转变成真正的人类道德。"人类道德(尤其指公平和公正)产生的自然原因,是为了相互利益进行合作的活动。"⑥人类相互依存和合作的生活方式为人类道德心理的产生奠定了基础。对于现代人来说,合作

---

① [德]乌尔里希·贝克:《世界风险社会》,吴英姿等译,南京大学出版社 2004 年版,第 192 页。

② [英]芭芭拉·亚当等编:《风险社会及其超越——社会理论的关键议题》,赵延东等译,北京出版社 2005 年版,第 197 页。

③ [英]B.威廉斯:《伦理学与哲学的限度》,陈嘉映译,商务印书馆 2017 年版,第 18 页。

④ [英]安东尼·吉登斯、克里斯多弗:《现代性——吉登斯访谈录》,尹宏毅译,新华出版社 2001 年版,"导论"第 19 页。

⑤ [德]赫尔穆特·施密特:《全球化与道德重建》,柴方国译,社会科学文献出版社 2001 年版,第 113 页。

⑥ [英]迈克尔·托马塞洛:《人类道德自然史》,王锐俊译,新华出版社 2017 年版,第 61 页。

不仅是合法的,而且是正确的。"个体与他人合作性的互动,不仅因为这样做是策略性的,虽然通常就是如此,还因为这样做是正确的。这样做之所以正确,是因为人们的群体伙伴在所有重要的方面都与人们自己等同,所以他们值得人们的合作。这样做也是正确的,因为我们所赖以生活的文化习俗、规范和制度是'我们'为了'我们'而创建的(考虑到在这文化中,我们与我们的祖先在文化上认同)。"[1]在现代风险社会尤其需要增强合作意识。一方面,适应工业社会的风险管理和风险补偿方法不再适用于风险社会了。以往治理环境风险时经常采用的原则是"谁污染,谁治理"。在风险社会,风险的大多数来源都是不可见的,也是无法计算的。比如,导致气候变化的原因是多方面的。仅就碳排放一个因素而言,每个国家的排放量都无法精确计算,也就无法精确确定每个国家的减排责任。而此次新冠病毒疫情的来源至今没有确凿的结论。科学研究只是表明,新冠病毒肺炎可能是由动物传染给人,至于传染源是何种动物还不得而知。而核扩散、转基因技术和产品的国际化以及基因编辑和人工智能技术可能带来的巨大风险等都是以往风险管理界限之外的问题。既然原有的各自承担风险的风险管理与治理已经失效,人们只能寻求全球合作,共担风险;另一方面,现代风险管理和风险治理是面向未来,需要依据对未来风险的预判来规划现在。这就需要建立完全不同于现在的社会管理和社会治理的原则和指导思想。而这些新的原则和指导思想事关人类的未来与命运,势必应该反映全人类的利益和发展诉求,这就要求在广泛参与的基础上,通过全球范围的协商和讨论来实现。

总之,正如贝克所指出的,"我们现在拥有了一个在若干年前尚未有过的'地球政治',并且它可以被置于世界风险社会的动力和冲突的说法中来理解和组织。"[2]在现代化风险挑战日益广泛、多元和复杂的世界风险社会,不同国家、不同民族,不同种族、不同阶层的人们必须抛开分歧,承认风险,承担责任,加强合作。只有这样,人们才可能共担风险、降低风险,最终实现人类社会的持续存在和发展。

---

[1] [英]迈克尔·托马塞洛:《人类道德自然史》,王锐俊译,新华出版社2017年版,第184页。
[2] [德]乌尔里希·贝克:《世界风险社会》,吴英姿等译,南京大学出版社2004年版,第10页。

新冠疫情形势下会展行业的转型升级

张　暄[①]

举办大型国际会议数量多少是城市对外交流频度的重要标志,被国际上公认为现代国际交流的重要渠道和高级形式。从 20 世纪末开始,作为国际会议的一种特殊形式的国际展览会迅速崛起,并越来越受到人们的重视。举办大型国际展览会成为加强国际交往的重要内容。

过去三十年来,伴随着改革开放的总体步伐,我国的会展行业快速发展,特别是在加入世界贸易组织之后,会展行业步入了黄金十年。据不完全统计,2019 年,我国在境内共举办 3500 多个大规模以上的经贸类展览,展出面积在 1.3 亿平方米以上,我国企业组团到 73 个国家参加 1700 多个展览,展出面积 67 万平方米。此间,我们看到的另外一道风景就是,我国一线和二线城市都在大举兴建展览中心和扩建会展中心的规模,涌现出十多个室内展览馆面积在十万平方米以上的城市。会展业的发展,不仅为技术交流和经贸合作提供了良好的平台,而且还带动了酒店、餐饮、旅游等行业的发展,如果把展品运输和展台搭建等综合服务包括在内,会展行业在解决就业方面的溢出效应也十分可观。

一、疫情给会展业带来的困局

今年 1 月份爆发的新型冠状肺炎疫情迅速蔓延,让高歌猛进的会展行业按下了暂停键,也让会展行业成为疫情下最严重的灾区之一。除了元月初美国的消费电子展顺利举行之外,随着欧美疫情的不断加重,许多我们耳熟能详的国际大展都不得不延期甚至取消。

号称全球家具业"奥林匹克"盛会的意大利米兰国际家具展,先是由原本的 4 月延期至 6 月,最后又不得不推迟到 2021 年 4 月 13 日至 18 日举办。

而作为世界公认展览强国的德国,在此次疫情期间,也不得不做出艰难的决定,一

---

① 作者系北京社科院外国问题研究所副研究员。

停办今年全球最大旅游展——柏林国际旅游交易会;二是将全球规模最大的工业技术展会——汉诺威工业博览会先由4月延期至7月,此后,由于疫情的发展,最终停办。全球抗疫以来,每一天都有新的展会活动被延期、被取消。

而作为经济增长的重要引擎,会展业的停摆,对各国的经济增长也影响巨大。根据全球展览业协会(UFI)发布的关于新冠肺炎对全球展览业的经济影响评估报告,称到2020年第二季度末,全球参展商因疫情影响的展会订单总额达到1342亿美元。因为疫情,全球会展业都被按下了暂停键。

然而,回溯历史,这其实并不是国际会展业第一次面临困局,海湾战争、911事件、SARS疫情……都曾经对会展活动造成不同程度的冲击。但会展业从来都是积极创新求变,韧性十足的行业,过往的每一次"暂停",都让会展业充分蓄力,在风雨之后愈加生机蓬勃,影响力大增。

面对国内外知名的会展活动全部延期或取消,全行业的发展和生存问题突然变得令人担忧和深思的特殊背景下,我国政府迅速做出决定举办网上广交会,由腾讯公司提供全面的技术支持。依托我国比较完备的信息化基础设施建设,借鉴电子商务和网络教育积累的成功应用经验,会展行业完全可以利用疫情促成的契机真正踏上早就应该践行的转型升级历程。

二、运用最新信息技术,促进会展业转型升级

(一)信息技术与会展业的初步结合

良好的网络基础设施是实现各种智慧应用,提升城市国际交往效率不可或缺的前提条件,更是实现互联互通、资源共享的技术基础。从全球来看,互联互通、资源共享是国际交往中心城市最重要的特征之一。因此,各国都把网络建设放在城市建设十分重要的位置,把建设无所不在的网络基础设施上升到国家战略层面实施,这在信息化时代的今天尤为重要。

其实早在21世纪之初,当互联网刚刚向民众展示初级应用,会展界就有人吹哨,警示传统线下展览产业将要面临的发展窘境,而且大有先行者开始尝试在网上举办展览展示活动,热情讴歌永不落幕和摆脱时空局限的线上会展。然而,那时窄窄的带宽和孤立的数据云无法支撑较大的访问量,简陋的用户终端更无法满足基本的多媒体互动需求,炒作一时的线上展览很快就偃旗息鼓了。

然而信息技术在会展行业开展应用的种子就此埋下,传统的线下展览开始逐步尝

试利用信息化的手段为会展活动提供有力支持。相关应用主要表现在以下几个方面：一是活动前期筹备阶段。活动组织者和主办单位普遍率先制作一个专门的网站和客户端，提供活动的相关资讯，包括背景、本届亮点、展位图、日程、上届活动综述等，让潜在的参展商对活动有个基本的梗概了解，并可以据此进行参展和观展相关事宜的沟通交流。网站上的相关信息不断更新，让参展企业和参会听众第一时间了解到活动的动态。此外，很多活动的新闻发布会也采用网上举办的形式，并利用微信等社交媒体进行广而告之，迅速在相关产业界传播。二是活动后期筹备阶段，也是目前信息技术在会展行业应用最有效的阶段。在这里，主办单位可以迅速收集展品信息和演讲资料，各种服务商可以务实地与参展商、听众和观众互动，了解他们在活动现场的各种需求并提前进行在线预定，比如活动主场运输商可以便捷确定大型展品的运输路径和吊托进场方案，主场搭建商可以认真审核展台设计图纸，确保合乎消防规定和其他安全要求，主场综合服务商提供的酒店、餐饮和车辆预订的网站，可以让参加活动的国内外嘉宾轻松安排好吃住行计划。普通观众和听众可以在活动官网上进行注册和付费，确保顺利进入展馆和会场，媒体人员可以在网上通过互动的方式预定拟采访的企业和演讲嘉宾，让现场的采访相关活动更有针对性。三是活动举行阶段。在这个阶段最常见的形式就是现场的展览导图，观众只需要在屏幕上点击，就能看到各家参展企业的位置，确定好自己的参观路线，避免在众多的展览馆中来回奔走。另一个常见的设施就是观众和听众匝机，这道匝机风景线不仅仅是自动刷码出入的屏障，而且更是活动组织者日后进行观众和听众统计分析的依据。除此之外，组委会还在重要的参展商展区以及重要会议的门口另外提供扫码设备，根据这些总体和单独的数据，了解到观众和听众的进场时间和频率，分析出他们的年龄、专业背景与会议日程和展览内容之间的关联信息，并据此总结活动安排的得与失，不断调整方案，为下一届活动提供借鉴。

必须承认，在 21 世纪过去的二十年里，信息技术已经日益广泛地被应用到了会展行业之中，为规模不断庞大的会展活动提供了技术支持，极大提高了组织者的工作效率，并节省了大量的组织成本。不难想象，当展览规模动辄达到十万平方米之上，当会议规模达到千人和万人的规模，如果没有信息化手段的支撑，维护活动现场有序运行的成本应该是十分巨大的。然而我们同样毋庸讳言，今天在疫情面前会展全行业的整体停顿，足以说明信息技术在会展行业的应用还处在初级阶段，远远没有跟上信息时代的步伐，应该引发全行业的反思和警醒。如何运用新兴的信息化技术，一方面在线下会展领域拓展新应用，另一方面开展线上会展，加速会展行业的转型升级，这既是行业的选择，也是社会发展的必然。

(二)哪些新兴信息技术能够应用在会展行业之中?

首先是5G技术。较之于前几代移动通信,5G不仅能提供更大的带宽,极大提高传输速度,而且还能兼容支撑以前适用的众多通信协议。线上会展自然会涉及到不同的国家和地区,要完成跨地区的实时通信,要清晰呈现展品的性能,传输速度低于100兆是绝对不行的,这也是21世纪初期网上展览"先驱们"很快成为"先烈"的主要原因。而且由于国家和地区信息化基础设施不同,发展阶段也不一样,甚至使用的通信协议也不完全一致,5G技术及应用可以有效地支持多种利益攸关方的交互通信。正如前面提到的,我国身处5G技术的引领者行列,也是5G通信技术设施建设的先行者,这为会展行业开展线上会展活动提供了难得的先发优势。

其次是云技术。如果说5G是载着数据和信息高速穿梭的列车,云就是遍布全国和全世界各地的火车站。各种公共云和专有云可以存储足够的本地数据和信息,不仅可以保证火车不空驶,并且能利用大数据技术和人工智能下的深度学习功能,不断加工出更为精准的物资配备。"双十一"期间巨大的数据量,已经深度检阅了我国云计算的巨大能力。今天我们有阿里云、百度云、腾讯云、移动云和航天科工云等遍布全国的云计算中心,正在为网上购物、网上教育、远程会诊和智能网联汽车提供可信可靠的支撑,毫无疑问,也为开展线上会展活动铺平了道路。

然后就是平台技术。会展行业的属性就是提供一个平台,让全行业相关的供需方们在特定的时间内聚集在一起,全面了解行业的技术动态和产品应用的总体现状和趋势,并与特定机构洽谈商贸和技术转让,进而达成交易。想一想淘宝和京东的平台有多大,看一看百度外卖平台成交速度有多快捷,再感受一下顺丰平台上每一天有多少的快递订单。基于现代移动通信和云计算中心的各种平台正在改变人们的生活方式,改变传统的商业模式,让没有一间客房的公司成为全球最大的酒店提供商,没有一辆汽车的公司成为全球最大的出租汽车公司。我国是运行大型网络互动平台最成功的国家,积累了丰富的成功经验,可以为会展行业线上活动所借鉴。更令人欣慰的是,以腾讯会议系统为代表的各种线上会议活动解决方案正在疫情期间大显身手,而且正在向展览行业应用迁移。G20年会成功在网上召开,加之网上广交会的成功举办,这些都为线上会展活动的全面展开拉开了具有历史意义的序幕。

特别需要提出的是,VR(虚拟现实)技术日臻完善,相关应用也日益成熟,配合5G的传送速度,我们可以佩戴上VR眼镜实时欣赏到远方的风光,而不只是在特定的虚拟场景下体验身临其境的现实。我们今天可以通过VR技术体验许多模拟高山滑雪的训练软件,也能够体验八级地震时的混沌世界,当然也一定更能够在某个在线会展大平台上实时观摩每个展台上的展品静态细节和动态性能。可以说,5G+云+平台+VR 的结合基本上就能保障任何在线会展活动的顺利进行。

此外,不断成熟的大数据技术、高清晰显示技术、识别认证技术、全息技术和动漫技术等,也都在推广出崭新的应用,也将为网上会展活动提供技术便利,为广大会展活动的组织者们提供了现成的解决方案。

（三）开展线上会展活动的主要挑战在哪里？

首先要求会展活动政府审批机构解放思想,制定新的在线会展活动申办主体认定管理办法,同时对主办机构提出新的要求,更有效地对平台上的参展商、观众和展品进行质量遴选和资格审核,减少和杜绝技术侵权和伪劣产品等。

二是活动主办单位要加大在信息化应用方面的投资,引入信息技术的人才,保证上述新兴信息技术应用能够充分得到实施。此外主办单位要不断创新,在线上活动闭幕之后下功夫,不能像线下会展一样几天后万事大吉,而是要利用行业协会和专业委员会的力量,充分发挥网络平台不受时空局限的优势,为供需双方提供更多更有价值的增值服务。

三是参展商需要精心策划展区布署,提供吸引人的多媒体方案,有效安排适合远程参观的产品性能讲解和演示。像主办单位一样,参展商也要充分考虑网上展台在闭幕后的可持续性。

（四）传统会展应该如何转型？

毕竟在线会展只是刚刚起步,疫情之后大多数线下会展也会延期举行,线下会展活动还会延续很长时间的繁荣。但是把新兴信息技术应用到传统的会展活动的组织工作之中,是不能忽视的发展趋势。传统会展活动产业链中的重要参与方需要顺势而为,在组织工作中加速新兴信息技术的应用,共同推进会展行业的转型升级。

作为主办单位,需要思考的是在传统的展会现场之外提供一个真正的网上展览,而不是今天流行的现场直播形式,不在现场的观众只能被动地看到热闹的人头攒动场面,不能主动或交互地看到自己感兴趣的展台和展品。

作为参展单位,需要创新的是在传统展会的现场给到展台参观的观众提供一个能系统展示技术产品的电子文件,不再是简单地给他们送名片和纸质宣传资料。这个电子文件应该是动漫形式的,能吸引观众有兴趣地观看理解。进一步讲,应该在传统的展台上与本部厂区和生产车间在线互连,让观众获取更全面更真实的资讯。

作为会展活动服务商,需要完善的是打破传统的网上预订服务分工,比如展品运输、吃住行安排和展览搭建图纸申报目前都是各自为战,且并没有跟踪服务流程。不同服务商之间必须开展合作,为展商和观众提供一站式的在线预定,同时提供类似快递行业的在线服务进度跟踪查阅服务系统。

作为展览馆和会展中心,需要转换的是傲气的地主角色,应该利用大数据和物联网技术,与众多的主办单位通力合作,完善听众和观众数据库建设,更好了解他们的需求,在会后和展后实时提供个性化的信息推送服务。此外,特别要改变的是,不仅要在场地周围部署完善的5G网络设施,同时不能延续卖方市场下的恶习,让参展商们面对奇高的宽带租金望而生畏。

在政府的积极倡导下,有完备的信息化基础设施为依托,加之电子商务和网络教育积累的成功应用经验,传统的线下会展活动完全可以利用疫情促成的契机开始真正的转型升级,新兴的线上会展活动将快速发展。

信息技术的最大特点就是让繁杂和重复性的工作与生活变得便捷与简单,而且能够通过低边际成本的跨界融合,创新出新的应用和新的商业模式。无论是继续耕耘传统会展业务,还是创新在线会展事业,都需要插上新兴信息技术的翅膀,才能让工作事半功倍,才能真正践行创新驱动。党的十九大为我国经济社会的发展描绘出了蓝图,"一带一路"倡议为全面开展经贸领域的国际合作指明了路径,这为会展行业促进技术交流和贸易合作提供了更大的发展时空。会展行业也应抓紧这个历史机遇,加速推进新兴信息产业技术的应用,为行业的转型升级赋能,不负韶华,砥砺前行。

三、线上广交会:信息技术与会展高度结合

(一)线上广交会成功举办的技术保障

2015年国务院发布《中国制造2025》,将发展新兴信息技术列为十大建设任务之首,充分说明新兴信息技术的研发和应用对支撑我国社会经济可持续性发展的战略意义。在过去的几年,我国在人工智能、云计算、大数据、VR、显示技术和物联网等领域取得了长足进步,为以电子商务为代表的新经济提供了可靠的动力,并为工业互联网的建设建立了重要的基础。与此同时,以华为、中兴、中国信科和小米为代表的企业,在5G技术标准专利上取得历史性突破,我国在全球5G必要标准方面的专利数达到35%,为全球最高的国家。为应对新冠肺炎疫情给社会经济带来的重大挑战,2020年3月,中共中央政治局常务委员会召开会议提出,加快5G网络、数据中心等新型基础设施建设进度。新基建的迅速大力推进,必将带动在各产业应用上的日新月异,同样也为会展行

业的转型升级提供了技术保障。

（二）云端广交会激发世界贸易新动能

新冠肺炎疫情给全球经济贸易活动带来了巨大冲击，许多大型国际展会纷纷取消或延期举办。此种情况下，第 127 届广交会仅用两个多月时间便实现整体移至"云端"，并以多个创新呈现一场史无前例的网上世界贸易盛宴，以实际行动为全球贸易注入新动能。

这届广交会近 2.6 万家海内外企业参展，180 万件商品，数万个直播间同时在线，众多全球首发、广交会首发产品集中亮相，日用消费品六个展区、3500 家企业，纺织服装九个展区、4481 家企业，五金工具两个展区、2290 家企业，电子及家电三个展区、2490 家企业，机械五个展区、1606 家企业……16 个大类 50 个展区，呈现在世界各地采购商屏幕上。

特殊形势下，数以万计的中外企业齐聚云端，进行全天候网上推介、供采对接、在线洽谈，真正实现了足不出户做生意、签订单。

为使直播效果最大化，有些企业专门成立工作团队，用英语等多种语言直播，实景操作各类器材，达到场景化营销效果，并将提前录制的运动小视频投放到社交媒体，吸引流量。同时，公司还安排客服 24 小时在线服务，保证生意随时谈得起来。

在直播间中，变身主播的业务员熟练运用视频演示、VR 展示工厂实景、直播讲解等营销方式，让客户充分了解产品背后的故事，激发洽谈动机，营造洽谈氛围。

作为第 127 届广交会技术服务商，为保证首次云上广交会的顺利举行，腾讯提供了充足的云计算资源，广州有两处数据中心正在为广交会提供服务，南京数据中心则在提供灾备服务，确保网上广交会顺利举办。

值得注意的是，从 4 月 7 日国务院常务会议决定，第 127 届广交会于 6 月中下旬在网上举办始，将这个"全球最大综合性贸易展会"整体搬上云端，从筹办到开展只用了两个多月的时间。在感叹中国速度的同时，还应看到，这一平台的搭建正是基于长期的准备。

自广交会开办 63 年来，从未放慢创新的脚步。尤其在近些年，顺应国际贸易方式多样化的发展，广交会也在积极创新，顺应信息技术快速发展的趋势，持续加快数字化转型，稳步推进智慧广交会建设，取得了阶段性成效。新冠肺炎疫情只是为这一进程按下了"快进键"。

这次广交会，采用网上展示、直播推介、供采对接、在线洽谈等多种模式，突破了空间的限制，创造了一个展会的全新模式。这背后，需要强大的技术平台的支撑。

　　支撑"网上广交会"得以实现的,一方面是政府的强力推动,另一方面是充满活力的中国互联网产业,以及持续推进的5G、云计算、大数据、人工智能、工业物联网等新型数字基础设施建设。

　　此外,为提供覆盖展前、展中、展后的全流程解决方案,还有很多部门在通力合作,为线上会展的智能匹配、互动展示、翻译、洽谈、签约等重要环节提供解决方案,共同为完成网上广交会提供信息安全、数据安全、内容安全保障。

　　把连续举办63年的广交会整体搬上云端,是广交会在更深层次上拥抱数字化的全新尝试,已经成为"互联网+会展"的标志性事件,必将进一步助推广交会线上线下深度融合发展,打造"互联网+"时代的竞争新优势。

　　信息技术的发展已经为许多行业带来变革并取得成功,也为社会文化的变革带来深层次的影响。正如联合国千年发展目标中所指出的,各国和各行业必须协同努力,早日打破国家之间和行业之间的数字化鸿沟。会展行业也不例外,同样需要充分布署和实施新兴信息技术的成果,分享信息革命带来的改革红利。